まだ間に合う！50代からの老後のお金のつくり方

はじめに
老後不安が、かつてないほど蔓延している！

「老後のお金」に不安を持つ人は年々増えています。

私はファイナンシャルプランナー（FP）として仕事を始めて23年になります。駆け出しだった1990年代の終わり頃に受けた相談を振り返ってみると、「老後の暮らしがとても心配」という相談者は今ほど多くなかったと記憶しています。

当時の定年間際の相談者の多くは、ものすごく頑張らなくても「そこそこの老後資金」が準備できていました。

40～50代の「老後不安」が急増したのは、5年くらい前から。2014年にNHKスペシャル「老人漂流社会〝老後破産〟の現実」という番組が大きな話題を集め、2015年には『下流老人』（朝日新書・藤田孝典著）がベストセラーになりました。以降、「老後破産」「下流老人」という言葉が頻繁にメディアをにぎわせています。

一般の人がこれまであまり目にすることのなかった、経済的に老後生活が立ちゆかなくなった人の「深刻な事例」を多く知ることになり、「自分は大丈夫なのだろうか」と不安を覚えるようになったのです。

さらに、ロンドン・ビジネススクール教授のリンダ・グラットン氏が著書『ＬＩＦＥ ＳＨＩＦＴ』（共著、東洋経済新報社）で提唱した「人生１００年時代」が日本社会に浸透。長寿化が進む中、想定以上に長生きをしたために用意した老後資金が尽きてしまう「長生きリスク」が意識されるようになったことも、老後不安が蔓延するようになった背景にあるように思えます。

アラフィフ世代は「貯めにくい環境」を生きている

さて「老後破産」は、現実に私たちに起こり得るのでしょうか。

深刻な事例で紹介されている人たちのほとんどは、老後資金が少ないこと以外に本人や家族の病気や介護による早期の離職など複合的な要因を抱えています。

生活保護など何かしらの公的な援助がないと暮らしていけないほど困窮し、「破産」状態に陥る人は全体から見ると少ないと考えられます。

しかし、**老後に向けて何も準備をしないままリタイアすると、「破産」はせずとも「老後貧乏」になるリスク**が誰にでも大いにあります。

しかも、**今50代前後の皆さんは特に、「お金を貯めにくい環境」に置かれています。**

親世代が現役だった頃は経済が上向きで金利水準も高かったですし、子どもの教育費も今ほど負担は重くありませんでした。

しかし、今は預貯金の利息は全く期待できないですし、子どもの教育費はインフレ状態です。晩婚化や晩産化で、50代どころか定年した後も教育費や住宅ローン返済に追われ、老後のお金を貯める余裕がないという世帯も増えています。

複合的な要因により、**「定年のゴールが見えてきたのにお金がない」人が急増中**です。そう、**老後資金が貯まっていないのは、あなただけではない**のです。

でも、大丈夫。**今からでも、できることはまだまだあります**。50代で不安の渦中にいる人、あるいは50代を目前に焦りを感じ始めた40代後半の皆さんにそれをお伝えしたくて、本書を書くことにしました。

最初の一歩は「現状への危機感」を持つこと

長年家計相談を受ける中で、「このままではまずい」と気が付くことが、貯蓄アップの最大のモチベーションになると実感しています。定年までカウントダウンが始まり、危機感を覚えて本書を手に取ってくれたあなたは、既に一歩踏み出しているのです。

現在52歳の私が「このままではまずい」と気が付き、老後資金づくりについて考え始めたのは40歳のときです。お金の専門家のＦＰとしては、遅い方かもしれません。

我が家は自営業の夫と、夫の両親との４人暮らし。子どもはいません。夫婦ともに国民年金加入の自営業ですから、将来もらえる年金額は会社員を長年続けた人に比べると格段に少ないのです。

「ねんきん定期便」の試算によると、65歳から受け取る年金見込み額は夫婦二人で年１８０万円ぐらい。40年近く会社員だった男性の年金額は年２００万円前後（厚生労働省モデル）ですから、会社員一人分にも満たない額。もちろん可能な限り長く働くつもりですが、年金だけの収入になったとき、これだけでは暮らしていけません。

さらに、会社員と違って退職金もなし。自営業者の老後資金は自分で貯めなくてはいけない部分が多いのです。

そこで40歳になったとき、「この調子で貯めていくと60歳までにいくら貯まっているのだろう?」と電卓を叩いてみてびっくり！　漠然とイメージしていた**老後資金の目標額の半分にも達しない**ことが分かりました。ちょっと衝撃でした。

そこで改めて60歳までに貯める目標額を設定し、老後のための積み立てをスタートしました。何しろ自営業、毎月の売り上げに変動があるので、最初から毎月の積立額を多くするのは結構勇気が要ります。でも、毎月のお金の収支を確認しながら、やりくりを続けていくうちに、「もう少し積み立てできるかな」と思えるようになりました。

もちろん売り上げが少ない月は口座残高がさみしくなり、「積み立て貧乏」を実感することも。それでも残ったお金で暮らさないといけないので、そんな月は飲みに行く回数が減りますし、無駄な買い物を控えるようになりました。

50代のうちから「老後のお金の使い方」のトレーニングを

現役時代に**「積み立て優先、残ったお金で暮らす」**という習慣を身に付けることは、2つのメリットがあります。一つは、**確実にお金が貯まる**こと。もう一つは、**収入が大幅にダウンする年金生活に向けてのトレーニングができる**ことなのです。

私のところに定年退職後の生活設計の相談に来る人で「心配ない」と思えるのは、「積み立て優先、残ったお金で暮らす」習慣が身に付いている人です。決して年収の多寡ではありません。

この習慣は大きな努力や節約をせずとも身に付けることができます。50代からでも大丈夫。本書ではそのノウハウを惜しみなくお伝えしていきます。できそうなことからぜひ、行動に移してみてください。

さらに、老後資金の大切な原資である**退職金や年金を有利に受け取る方法**や、**税制優**

遇制度を使いながら効率的に老後資金を増やす方法についても分かりやすく解説します。

こうした知識があるとないとでは、将来もらえるお金に大きな差がつきます。この機会にぜひ、「自分にとって一番お得な方法」を知っておいてください。

これからのお金について考えることは、人生を考えること。50代以降、どんな働き方・暮らし方を選ぶかによって、「老後に必要なお金」も「必要な老後資金」の額も変わってきます。

この本が、漠然とした「老後不安」を払拭し、50代からの人生を前向きに生きるためのマネープラン作りの一助となれば幸いです。

ファイナンシャルプランナー　深田晶恵

目次

まだ間に合う！ 50代からの老後のお金のつくり方

はじめに……1

序章

今の50代は「お金を貯めにくい環境」の中を生きている！

◆50代が老後資金を貯めづらくなった5つの理由……18
◆自分にコントロールできることを探す……29
◆安心老後のために、今すぐやるべき3つのこと……31

第1章 定年前後に起きる「お金の変化」を押さえる

◆定年前後のお金と暮らしに何が起きるかを知っておこう……36
◆60歳以降は「収入ダウンの崖」が2回ある……38
◆現役時代と60代前半・後半、それぞれにすべきことを知る……43
◆我が家の「貯めどき」はいつ？……46
◆「老後資金は3000万円必要説」は本当か……48
◆家の修繕費や医療費などの支出にも備える……53
◆今から3000万円は無理……ならどうする？……54

第2章

「貯める力」を高め 老後資金づくりを高速化する

◆今の暮らしを見直して年間貯蓄額を50万円増やす！……60
◆3つの見直しを実行すると70歳で2460万円貯まる！……70
◆家計の見直しは、日々の努力要らずで効果大の「固定費」から……78
◆「お得な制度」を知れば保険料は安くできる……80
◆民間の保険に頼らなくても、ある程度の「保障」は持っている！……82
◆入院は短期化傾向、医療保険加入のメリットは少ない……97
◆イマドキ家計の金食い虫、通信費を見直す！……103

第3章
効果絶大！ 退職金の手取りを最大化するテク

◆定年前後は「知らなきゃ損」なことだらけ……114
◆「一時金」と「年金受け取り」、どちらがお得？……115
◆税金と社会保険料が手取りを減らす……118
◆「一時金」の最大のリスクは、無駄遣いでお金を減らすこと……125
◆退職金運用病にも注意！……126
◆「年金受け取り」は支出が膨らまないよう気を付ける……128
◆定年後も続く住宅ローンは、退職金で一括返済すべき？……135

第4章 自分にとって「一番お得」な年金戦略を立てる

◆年金の「お得度」は受取方法によって決まる……146
◆公的年金「繰り下げ受給」のメリットとデメリット……150
◆基礎年金のみ繰り下げるワザ……157
◆60代も働いて、もらえる年金額を増やす……162
◆企業年金は「少なく、長く」受け取るのがお得……165
◆60歳から受け取り始め、「非課税枠」を賢く生かす……169
◆高利率の「お宝個人年金」は、受取時の税金に注意！……172

第5章

今すぐ着手！老後資金を効率的に増やすワザ

◆「パート収入の壁」を正しく理解して世帯収入を上げる……181
◆パートの妻が注意すべきは「社会保険の壁」……184
◆「節税メリット」のある制度を見逃さない……192
◆iDeCoの節税メリットは3つある……195
◆シンプルで分かりやすい「つみたてNISA」で投資デビュー……202
◆あなたに向くのはiDeCo？　つみたてNISA？……206
おわりに……216
◆巻末付録　簡易キャッシュフローシート

序　章

今の50代は「お金を貯めにくい環境」の中を生きている！

50代が老後資金を貯めづらくなった5つの理由

50代の6世帯に1世帯が貯蓄ゼロ!?

「はじめに」で少し触れましたが、FPとして長年家計相談を受ける中で、10年、15年前に比べると、**貯蓄が思うようにできていない50代が増えていること**を実感しています。

厚生労働省の「国民生活基礎調査」によると、世帯主が50代の世帯の貯蓄額（2016年）は**平均1049万6000円。2004年時点より254万円、約2割も減っています**（図表1）。**「貯蓄ゼロ」の世帯の割合も8・1％から14・8％と7ポイント近く増**

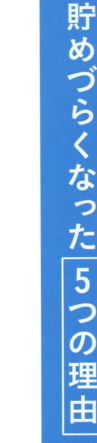

図表1 50代で「貯蓄がない」世帯が15％も！

◆世帯主が50～59歳の世帯の貯蓄状況

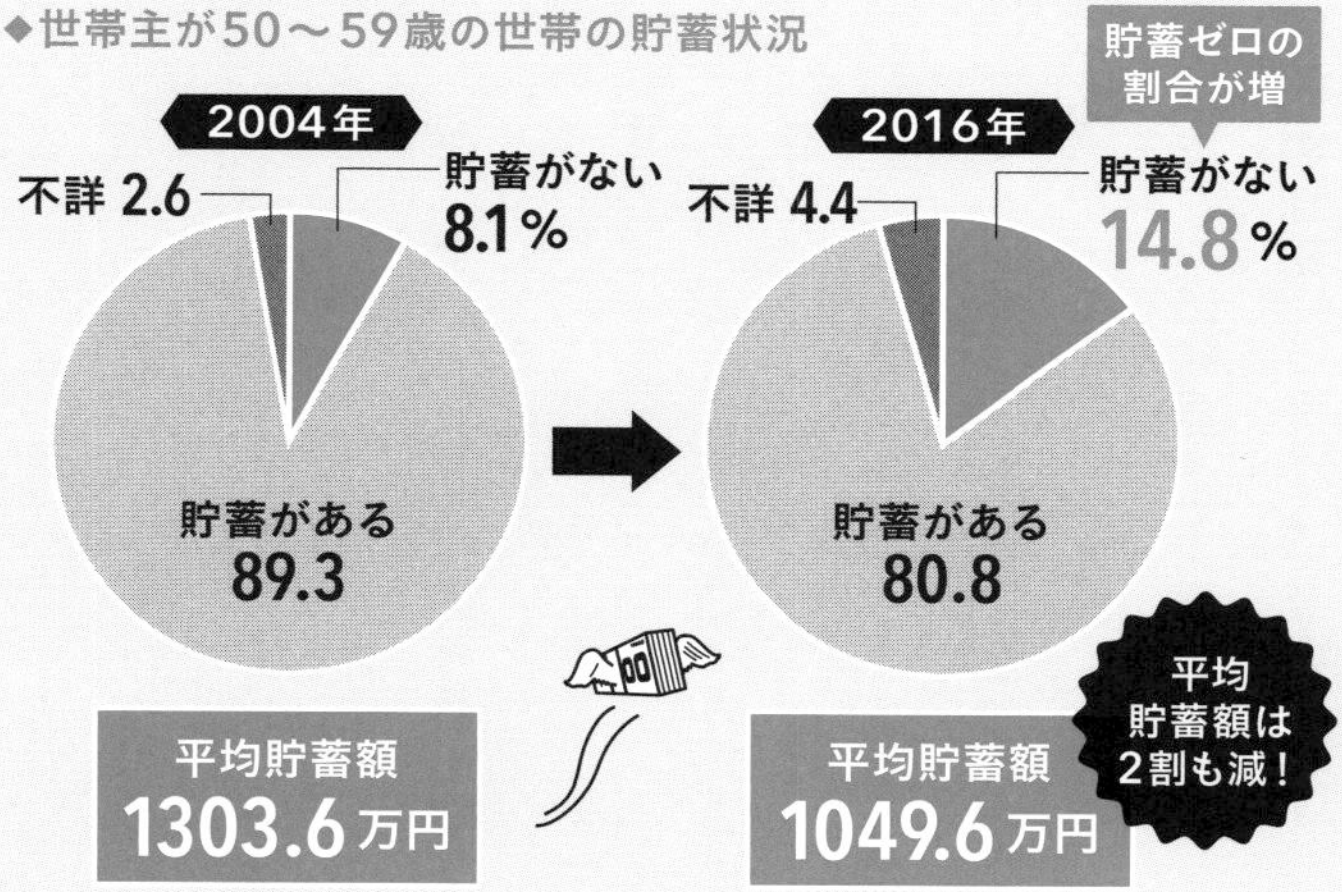

図表2 「貯蓄が減った」50代世帯も3割超

◆世帯主の年齢階級別にみた貯蓄の増減状況（2016年）

世帯主の年齢階級	貯蓄が増えた	変わらない	減った
29歳以下	28.3	38.4	26.0
30～39歳	23.6	39.2	31.2
40～49歳	18.1	39.6	33.4
50～59歳	14.4	38.5	36.7

出所：図表1、2とも厚生労働省「国民生活基礎調査」／グラフはデータを抜粋して著者作成

加しました。

貯蓄状況が厳しくなっているのは全世代共通ですが、２０１６年の調査によると、現役世代の中で「貯蓄が増えた」世帯の割合は50代が最も低く、「貯蓄が減った」割合は50代が最も高くなっています（19ページ図表2）。

こうしたデータからも、**50代の貯蓄を取り巻く環境は厳しさを増している**と言えそうです。

思うように貯蓄できなくなった50代が増えたのはなぜだろうと考えてみたところ、親世代が50代だった頃と比べ、私たちが**「お金を貯めにくい環境」**に置かれていることに気が付きました。そう、**50代が貯められていない背景には、社会構造や経済環境の変化に基づく要因があった**のです。

さらに様々な経済統計や家計相談の内容を分析していくと、**「50代がお金を貯めにくくなった5つの理由」**が見えてきました。１つずつ解説していきましょう。

50代がお金を貯めにくくなった理由 その①

税金・社会保険料アップで手取り収入が年々減少している

1つ目は、**手取り収入の減少**です。

手取り収入とは、額面の収入から、所得税・住民税、年金保険料・健康保険料などを差し引いた金額のこと。税金と社会保険料は毎年のように負担が増しているため、**手取り収入はその分だけ減り続けています**。

私は2003年にボーナスからまとまった額の社会保険料が引かれる制度改正が施行されたのをきっかけに、「今年の手取り収入」を毎年1月に試算することを16年間続けています。増税や社会保険料アップはその後も相次ぎ、給与の手取り額はほぼ毎年減少しているのです。

額面年収700万円を例に、手取り年収の推移を表したのが次ページのグラフ（図表3）です。手取り収入が下がり続けているのが一目瞭然です。

図表3　手取りは減り続けている！

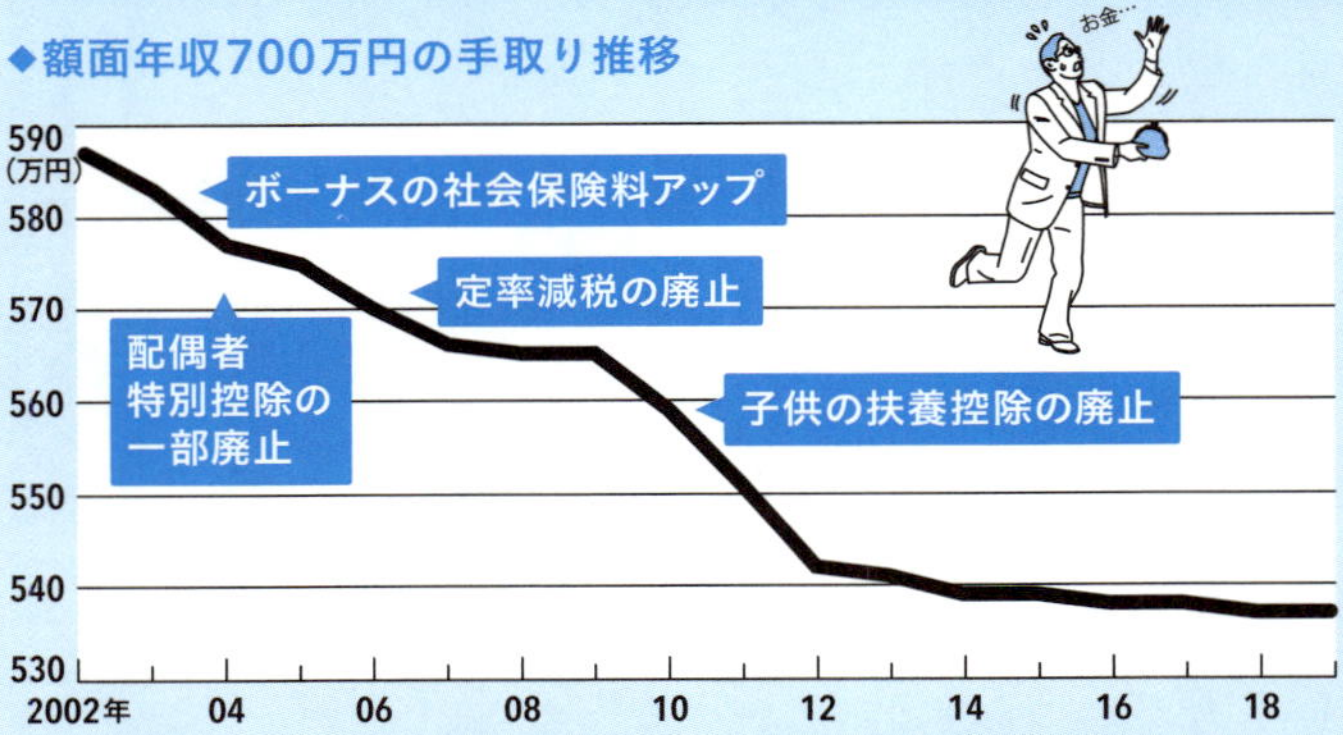

注：40歳以上で専業主婦の妻と15歳以下の子どもが２人いる会社員の例。健康保険は全国健康保険協会加入として試算　（試算／深田晶恵）

年収７００万円のケースでは、２００２年時点の手取りは５８７万円だったのが、２０１７年は５３７万円と、**15年間で50万円も減っている**のです。２０１８年、２０１９年は横ばいですが、それまでの15年もの間、下がり続けていたことは驚愕《きょうがく》の事実と言えるでしょう。

手取り年収が50万円下がれば、その分貯蓄する余力がなくなってしまいます。少子高齢化と国の財政状況に鑑みると、税金や社会保険料の負担が減ることは考えにくく、今後も額面収入と手取り収入の乖離《かいり》が広がっていくと思われます。

50代がお金を貯めにくくなった理由 その❷

超低金利により、利息でお金を増やせない

2つ目は、**長引く超低金利により利息が期待できない**ことです。

70代以上の親世代が働き盛りだった頃、長期金利が6～8％といった高金利が10年に1度くらいのサイクルでありました。郵便局の定額貯金や一時払い養老保険などで、安全確実に10～15年かけて元本を2倍近く増やした経験を持つ高齢者は少なくありません。

翻って現在は、長引く超低金利により、安全確実にお金を増やすことはできず、ほぼゼロ金利の預貯金に寝かせておくのが嫌なら、リスクを取って投資せざるを得ない状況です。

しかし今の50代は、仕事や子育てに追われ資産運用の勉強や経験を積む時間が取りに

くいうえ、晩婚化・晩産化で定年間近まで子どもの教育資金の手当てに追われ、リスクを取れるほど資金がないという世帯が少なくありません。こうした理由から、**運用でお金を増やす経験を持っている人が少ないのが現状です。**

50代がお金を貯めにくくなった理由 その③
子どもの教育費がハイパーインフレ状態！

3つ目は、**教育費の高騰**です。子どものいる人は負担の大きさを実感されていることと思います。

その現実をデータで確認してみましょう。

子どもの大学進学費用は、今の50代が大学生だった頃より格段に高くなっています。

例えば、現在55歳の人が大学に入学した1982年の授業料は、私立大学は年約41万円、国立大学は約22万円でした（文部科学省の公表データより。金額は平均）。

図表4 学費はハイパーインフレ状態！

◆大学の授業料と公務員の初任給の推移

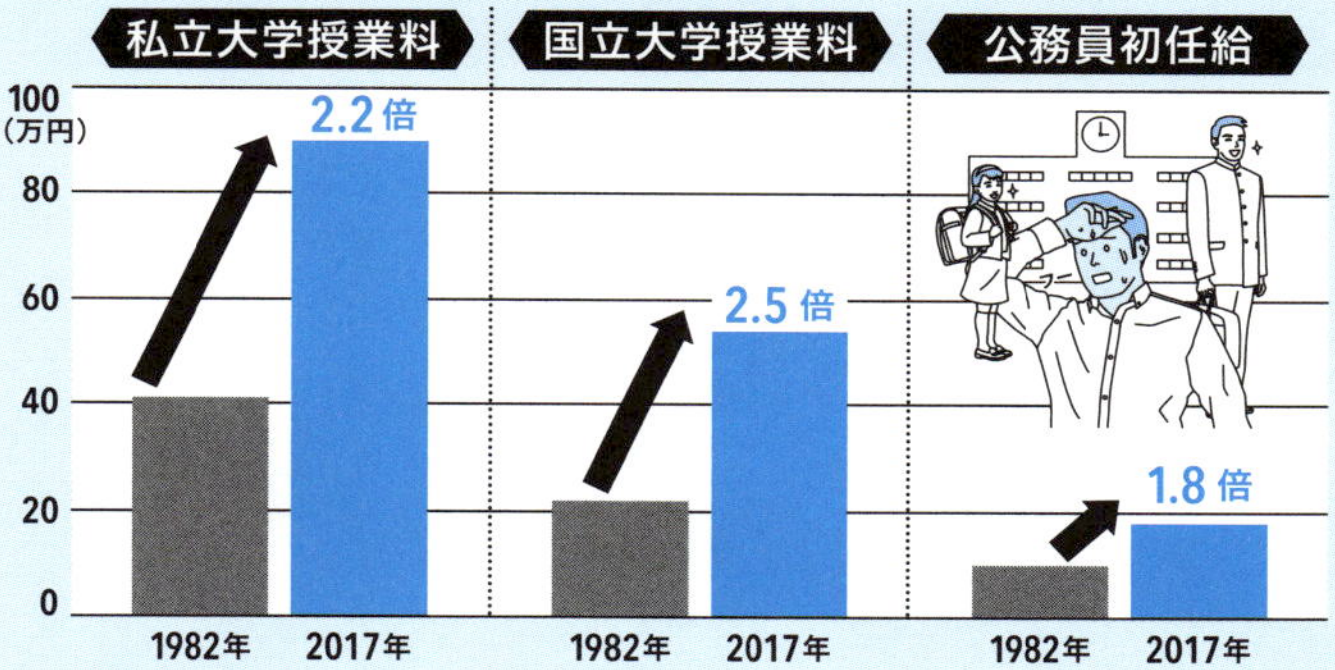

出所：文部科学省、人事院

ところが直近データ（2017年）では、私立大学が約90万円、国立大学は約54万円です。**35年間で私立大学は2・2倍、国立大学は2・5倍**に増えています。

では収入は同じだけ増えているのでしょうか。データが取りやすい公務員（国家公務員・大学卒）の初任給で見てみると、1982年は約10万円で2017年は約18万円。**伸びは約1・8倍**です。

つまり、給料の伸び以上に大学授業料は上がっているのです。

入学年は授業料の他に受験料、入学金、教材費などがかかり、近年は高3の1月から大学に入学した4月までに200万円近く出費したという人も少なくありません。

子どもの教育費は、親が予想していた以上にかかり、**老後資金づくりまで手が回らない**のが現実です。

50代がお金を貯めにくくなった理由 その④
「多額」の住宅ローンを「長く」借りている

4つ目は、**多額の住宅ローンを長期間にわたり借りている人が増えた**こと。

銀行の住宅ローンの完済年齢は、以前は70歳まででしたが、7〜8年前から80歳に引き上げられています。これによって、定年以降に延々と返済が続くローンを組む人が増えました。

超低金利が続く中、住宅ローン金利の低下による**「借り過ぎリスク」**もひそかに高まっています。借入時の金利が低いとそれだけ毎月の返済額も少なくて済むため、「今の家賃を考えれば、月々の返済額はもっと増やせる」などと目先の負担感だけで判断してしまい、結果、多額のローンを組んでしまうのです。

60歳時点で1000万円以上のローン残高があると、繰り上げ返済や退職金で返済するのが難しくなり、老後に負担を先送りすることになります。

多額の住宅ローンは、50代の貯蓄が少ないことの直接の原因ではありませんが、退職金をローンの繰り上げ返済に充てると老後資金を大幅に減らしてしまいます。また、定年以降もローン返済を続ける選択をすると、老後の生活を圧迫します。

多額の住宅ローンは、老後の生活を脅かす「爆弾」になり得るのです。

50代がお金を貯めにくくなった理由　その⑤

バブル世代の50代は消費好き！

5つ目は、「バブル世代」の50代ならではの家計の問題です。

この世代は他に比べて格段に「消費が大好き」。その結果、計画的な貯蓄ができていない人が少なくありません。経済の良い時代を知っているせいか根拠なく「何とかなるさ」と考える人が多いのもこの世代です。

「クルマを持つのが当たり前」「月2回のゴルフは欠かせない」「部下や後輩には領収書を切れなくてもおごって当然」と考える人がいまだに多いのがバブル世代。心当たりがありませんか？

残念ながら、消費好きで、貯蓄もちゃんとできている人はまれです。

自分にコントロールできることを探す

ここまで読んで、「貯金ができないのは、そういうことだったのか！」と腑に落ちた人も多いことでしょう。これまで説明してきた通り、今の50代の家計を取り巻く環境はとても厳しいため、老後のお金を貯められていない人が多いのです。

しかし、**このまま何もせずに定年を迎えていいわけではありません**。

5つの理由のうち、「税金と社会保険料の負担増による手取り減少」と「超低金利により利息でお金を増やせない」の2点については、経済環境の変化によるものなので、自分でコントロールするのは難しいでしょう。

一方、残りの3つについては、**私たちにもコントロールの余地が残されています**。

例えば教育費なら、子どもが高校生になった段階で、進路を家族で話し合い、かかる学費を調べ、お金が足りるのかどうかを試算しておく。足りないようであれば、どのように資金繰りするといいのかを考えるなど対策を立てることは可能です。

既に組んでいる住宅ローンがあるなら、漠然と「退職金で一括返済」と考えるのはやめましょう。今十分な貯蓄がないうえに、退職金を住宅ローンの一括返済に使ってしまっては、必要な老後資金をつくれません。

老後に負担を先送りしないよう、**働いている間にローン返済を終わらせるプラン**を第3章で紹介します。

「バブル世代の消費好き」に該当する人は、**早急に家計の見直しに着手**しましょう。日頃家計管理を担っていない人は、「家計の見直し」と聞くと「何だか面倒」と思うかもしれません。でも、大丈夫。**手間をかけずに家計の抜本改革をする方法**も詳しく解説します。

安心老後のために、今すぐやるべき3つのこと

お金のことは、**「知らなきゃ損」なことばかり**です。逆に言えば、**それらを知ってしまえば、効率的にお金を増やすことができるのです。**

本書を読んでやるべきことは次の3つだけ。

1. **これからの人生で起きる「お金の変化」を知る**
2. **今の暮らしを見直して、「貯める力」を最大限高めておく**
3. **必要なお金の知識を身に付け、「お得を逃さない戦略」を立てる**

どれも難しくありません。第1章からは、この3つを無理なく実現していくための具体的なノウハウや進め方を分かりやすく説明していきます。

日々のお金のやりくりに追われ自分の老後のお金を貯める余裕がなかった人も、「老後なんてまだまだ先のこと」と老後資金について真剣に考えてこなかった人も、**今ならまだ間に合います**。

50代からの老後のお金づくり、いよいよスタートです。

この章のまとめ

◆ 今のアラフィフ世代は「お金を貯めにくい環境」を生きている！

◆ 「貯めにくい環境」の要因には、超低金利や社会保険料負担増など、自分ではどうしようもないこともあるが、コントロール可能なこともある

◆ 自分でコントロールできることを見つけ、状況改善に取り組むことが大切

第1章

定年前後に起きる「お金の変化」を押さえる

定年前後のお金と暮らしに何が起きるかを知っておこう

老後不安解消は「この先の家計の変化」を知ることから

「老後が不安です」と言う人に「どんなことが不安ですか？」と尋ねてみると、次のような答えが返ってきます。

「定年後の生活がどんなものか分からない」
「年金だけで暮らせるのかどうか分からない」

「老後資金がいくらあれば安心なのか分からない」

多くの人が抱えているのは、「具体的な不安」ではなく**「漠然とした不安」**です。確かに、何十年も会社員生活を送っていると、「定年後」の生活がどうなるかはイメージしにくいでしょう。分からないことだらけで不安になるのは当然のことと言えます。

私はセミナーなどで「お金の不安」は、「お化け屋敷」に例えることができると話しています。お化け屋敷は、真っ暗な中「どこで」「どんなお化け」に驚かされるか分からないから怖いのです。

でも、例えばあなたの息子がお化け役のアルバイトをしていて、「3つ曲がった所で自分がこんな変装をして待っている」と聞かされていれば、全く怖くないはず。

老後のお金の不安も同じです。**「定年前後に起きる変化」をあらかじめ知り、それぞれ**

の対処法を身に付けておけば、怖くありません。漠然とした不安も見る見る軽減されることでしょう。

さらに、「定年前後」は自分で選択しなくてはいけない事柄が多数出てきます。退職金の受け取り方、定年後の働き方など、それぞれ複数の選択肢があるのですが、予備知識がないと期日までに熟考する余裕がなくあわてて決めてしまい、結果として損な選択をしてしまうことも……。**後悔しないために「知っておく」ことが重要**になってくるのです。

「定年前後の選択肢の色々」については第3章と第4章で解説します。

まず、この章では**「定年前後のお金の変化」**を見ていきましょう。

60歳以降は「収入ダウンの崖」が2回ある

定年前後の変化で最も大きなものは**「収入ダウン」**です。まるで「崖」から落ちるように

図表1-1　60歳以降の「収入ダウンの崖」

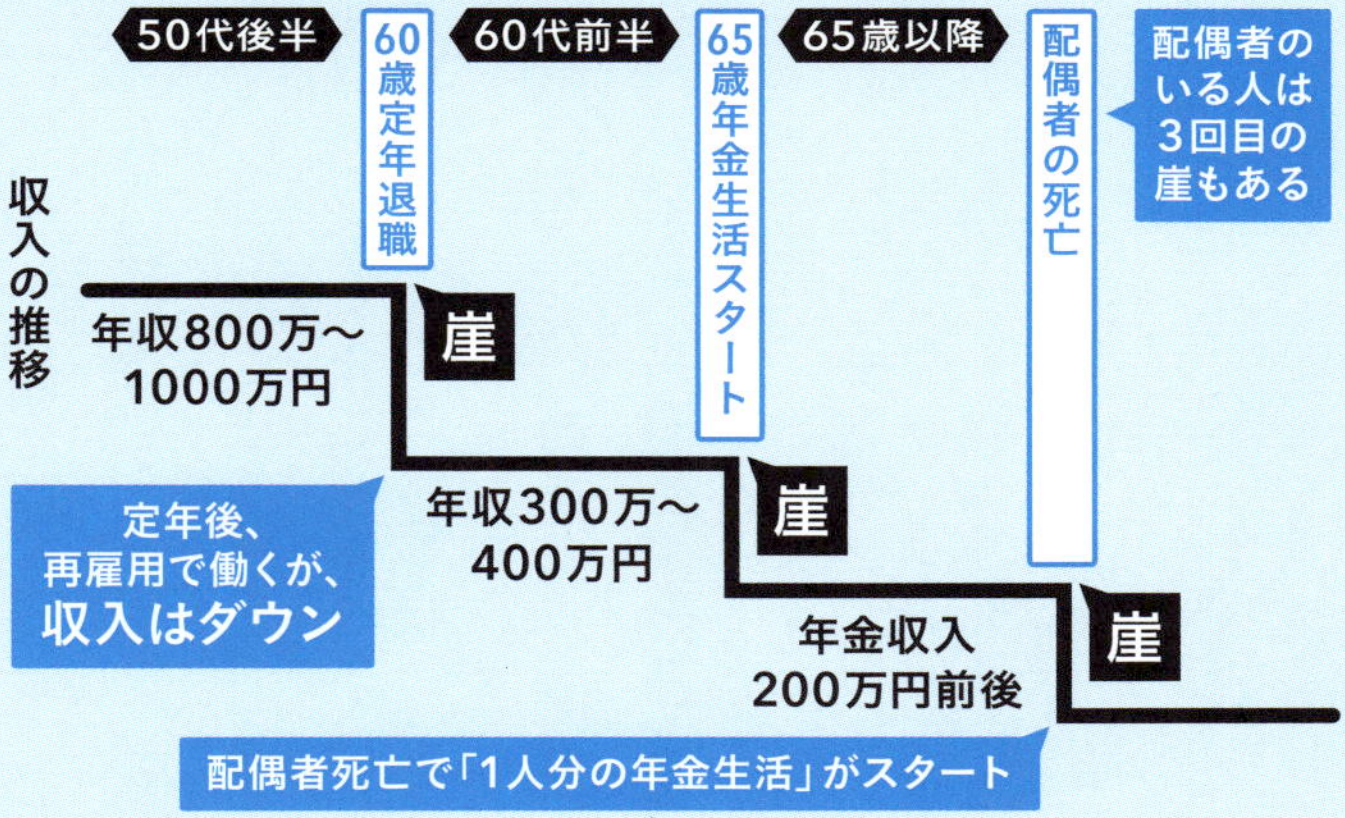

ある月から収入が急激にダウンする時期が2回あり、私はこれを「収入ダウンの崖」と呼んでいます（図表1－1）。

最初の「崖」は定年を迎える60歳。今の50代が満額の年金を受け取れるのは65歳からなので、多くの人は年金生活がスタートする65歳まで再雇用制度で働くことになります。

しかし、**50代までと同じ額の給料を払ってくれる企業はほとんどないのが現状です**。再雇用後の年収は勤務先により大きく異なりますが、50代で受け取っていた額の30～40％に「ダウン」すると思っておいた方がいいでしょう。家計相談では、年収３００万円前後になるケースをよく見ます。

今、50代前後の皆さんに知っておいてほしいニュースがあります。

２０１８年に成立した「働き方改革関連法」の中で「同一労働同一賃金」を推し進める法改正も行われています。「同じ仕事内容なら同じ賃金のはず」というこの政策は、正社員と非正規社員の賃金格差を是正するためのもの。ただ、定年後再雇用で嘱託社員として働いた場合の賃金ダウンについては、必ずしもこれに当たらないとされるケースもあります。

実際、「定年後の再雇用で同じ内容の仕事をしているのに年収大幅ダウンはおかしい」として嘱託社員が訴えた裁判が近年幾つかありました。原告側の勝訴、敗訴どちらの判例もあります。

こうした流れを受け、一部の大手企業では再雇用後の賃金の引き上げといった待遇改善の動きも出てきています。今後は、再雇用後の賃金が大幅にダウンしている現状の改善が期待できるかもしれません。

しかし、勤務先において自分が働いている間に確実に待遇改善が起こるかどうかは分かりませんよね。**生活設計を立てるとき「収入は厳しめ」に見ておくのが肝心**。現状では、再雇用後に「大きな崖」があると思っておきましょう。

2回目の「崖」は、**年金生活がスタートする65歳**です。

公的年金の額は人により異なりますが、よく使われる厚生労働省のモデル額は、**40年間サラリーマンだった男性で年200万円くらい**です（老齢厚生年金＋老齢基礎年金）。現役時代の給与が若い頃からかなり高かった人でも年240万円前後となります。

配偶者のいる人は、配偶者の年金も合わせた金額が世帯年収です。専業主婦の期間が長かった妻の場合、年金額は「老齢基礎年金＋α（働いていたときの厚生年金）」で80万～90万円くらいが目安。

厚生年金加入の共働きの妻の年金額は、給与や働いていた期間によっても違いますが、年120万～180万円の幅に入る人が多数です。女性は男性に比べて給与水準が低いことから年金額も男性より少なめなのです。

自分の年金額は、誕生日の月に日本年金機構から送られてくる**「ねんきん定期便」**で確認することができます。50歳を過ぎると「今の給与水準のまま60歳まで働く」前提の見込み額が表示されますので参考にしてください。

加えて、**配偶者のいる人は3回目の「崖」も存在します**。夫婦で暮らしている間は二人分の年金が受け取れますが、どちらかが亡くなると年金収入は格段に少なくなります。

一方、支出は二人から一人になっても半分になるわけではありません。夫婦のどちらかが亡くなったあとは、年金収入で足りない分としての貯蓄取り崩し額が増えることを念頭に置いておきましょう。

現役時代と60代前半・後半、それぞれにすべきことを知る

60歳と65歳に「収入ダウンの崖」に直面することを踏まえて、「50代のうち」「60代前半」「60代後半」にそれぞれすべきことを知っておきましょう。

「50代のうち」は、まさに「貯める時期」です。60歳以降は多くの場合、収入がダウンするため貯蓄を確保するのは難しくなります。ですから、**貯めるのは「今」、本書を読んだらすぐに！**です。貯めるための処方箋はこのあと解説します。

定年後の「60代前半」は再雇用で働き、その間は「減った収入で収支トントンの暮らし」を目指します。貯めるのは難しいけれど、せめて赤字を出さないように心掛ける。年金生活を目前としたこの時期に、収支トントンの暮らしを実現できるかどうかはとても重要なことです。

なぜなら「給料が減ったから仕方ない」と赤字を出して暮らしていくと、**70代の早い時期に貯蓄が底を突くことになりかねない**からです。

60代前半に支出のコントロールができずに、退職金をあっという間に取り崩してしまう人は少なくないのです。現役時代の年収が高い人ほど、この傾向があります。老後資金や退職金は、完全な年金生活に入る65歳以降まで使わないように心掛けてください。

「60代後半」のミッションは「なるべく早く年金生活に慣れること」です。

よく「昔と違って今は年金だけでは暮らしていけない」とぼやく声を聞きますが、そもそ

図表1-2 定年前後のお金の変化を知る

◆貯蓄残高推移のイメージ【基本形】

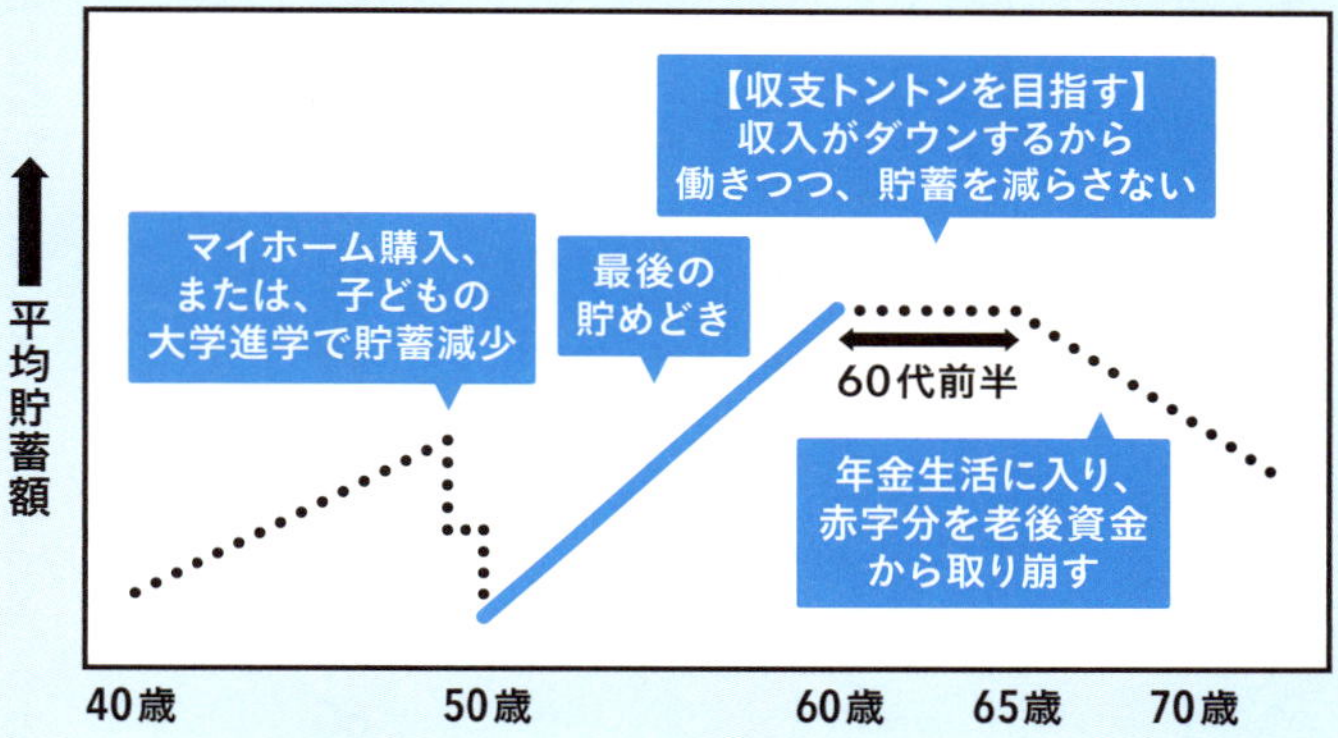

平均貯蓄額
マイホーム購入、または、子どもの大学進学で貯蓄減少
最後の貯めどき
【収支トントンを目指す】収入がダウンするから働きつつ、貯蓄を減らさない
60代前半
年金生活に入り、赤字分を老後資金から取り崩す
40歳
50歳
60歳
65歳
70歳

も日本の年金制度は現役時代の収入を100％保障する設計ではないのです。年金生活者は、今も昔も大多数の人が**「年金で足りない分は老後資金を取り崩す」**生活をしています。

年金収入で足りない分を老後資金で賄うのが「年金生活」です。年金収入も生活にかかる支出も家庭により異なるため、「足りない額」もそれぞれ。年金生活に入ったら、我が家の「足りない額」が1年でいくらなのかを知り、取り崩し額が多いことに気付いたならば、早めに支出の見直しに着手すると**老後資金を長持ちさせることができる**のです。

45ページの図表1－2は、一般的な40代から60代の貯蓄残高推移をイメージしたものです。**子どもの教育費支出が終わったあと、60歳で定年退職するまでが「老後資金の貯めどき」**です。再雇用で働く60代前半は「減った収入で収支トントンの暮らし」をすると、貯蓄残高は横ばいが続きます。

そして、65歳で年金生活に入ると、年金収入だけでは足りない分を老後資金から取り崩すため、貯蓄残高は徐々に減っていきます。毎年の赤字額が多いと貯蓄残高が減少するスピードは速くなり、反対に赤字が少ないと残高の減りは緩やかになります。

我が家の「貯めどき」はいつ？

貯蓄残高推移は家族構成や60歳以降の働き方、その他の個別事情によって異なります。図表1－2を基本形として、ご自身の事情を考慮して「自分バージョン」を考えてみましょう。

例えば、下の子が社会人になるのは60歳を過ぎてから、という人なら50代の「貯めどき」は確保できないかもしれません。さらにまとまった貯蓄がないならば、「60代前半」は収支をプラスにして「貯めどき」に充てる必要があります。再雇用による収入ダウンで夫の収入だけで貯めるのが難しいなら、妻のパート収入を貯蓄に回すなど世帯収入アップなども検討しましょう（49ページ図表1-3）。

また、60代後半も「貯めどき」に充てたい（充てなくてはならない）人もいますね。その場合は60代後半、年金をもらいながらも働きましょう。年金受給が始まってからも働くと、「年金＋給与収入」が得られるため、60代前半よりも世帯収入がアップし、貯めやすくなります。

その場合の貯蓄残高推移は49ページ図表1-4のイメージになります。残高推移の基本形では、65歳から老後資金が減り続けますが、こちらのプランだと反対に貯蓄を増やすことができるのです。

65歳を過ぎても働きたい人にとって追い風になるニュースがあります。

政府は「全世代型社会保障への改革」の一環として、「希望する高齢者について70歳までの就業機会の確保」の実現に向け検討を開始。70歳まで働ける機会の確保を企業の努力義務とする方針で、2020年の通常国会への関連法案の提出を目指しています。

継続雇用年齢が延長され、70歳まで働き続ける環境が整うことは、50代のうちに老後資金が準備しきれない人にとって朗報といえるでしょう。

「人生100年時代」だからこそ、働く環境に変化が起きつつあります。

「老後資金は3000万円必要説」は本当か

そもそも老後資金は一体いくらあれば安心なのでしょうか？

自分が何歳まで生きるのか分からないですし、収入・支出も人によって異なるので正確

図表1-3 子どもの独立が定年以降なら……

◆貯蓄残高推移のイメージ【子どもが社会人になるのは定年以降】

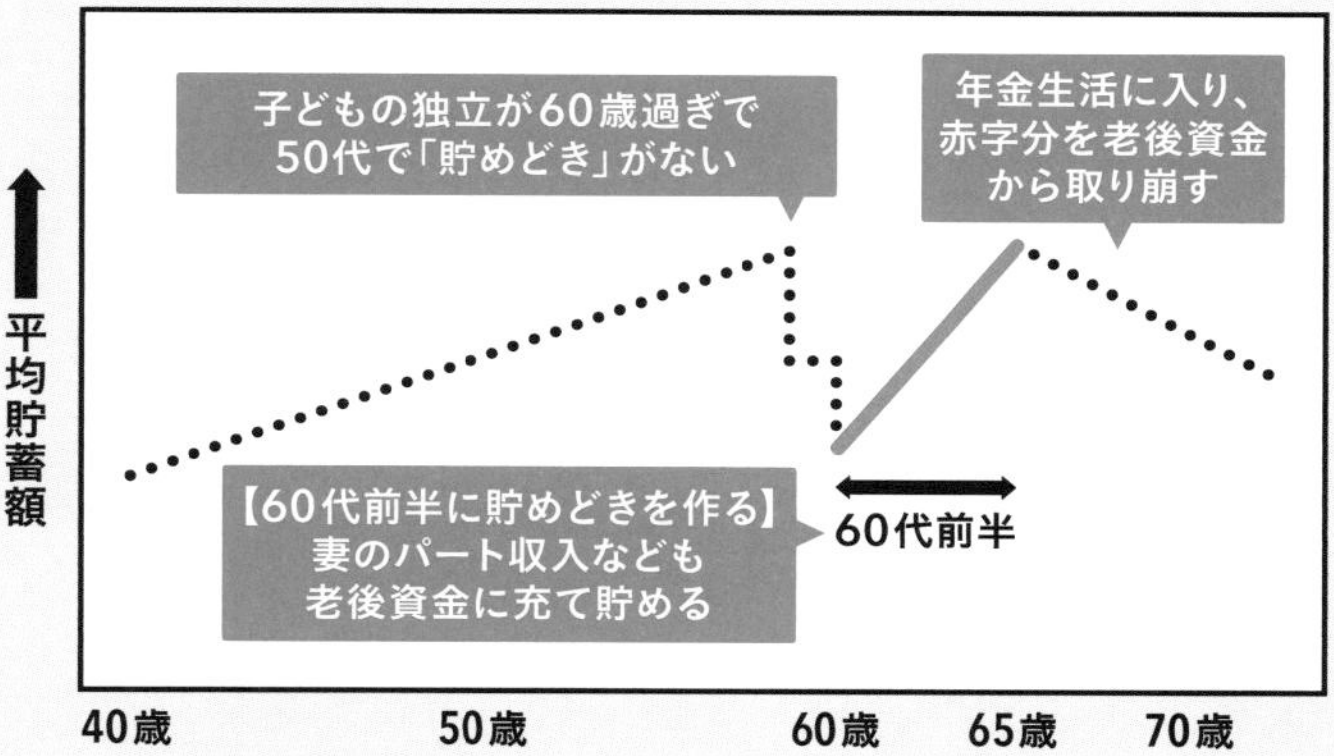

図表1-4 定年後も働き貯め続ける道もある

◆貯蓄残高推移のイメージ【65歳以降も働いて老後資金を作る】

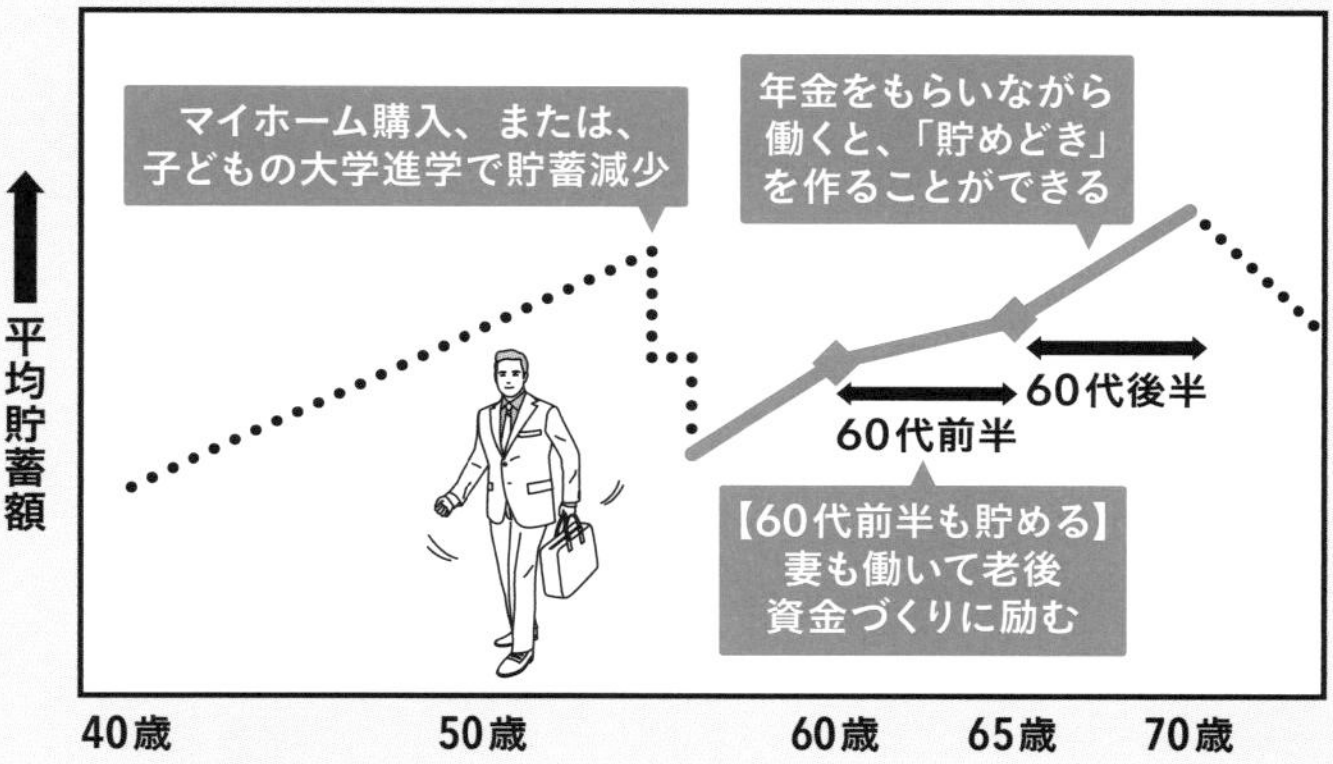

な「答え」はありませんが、「目安」となる金額は欲しいですよね。

まずは「年金で暮らす」ことを具体的にイメージするところから始めましょう。

参考にするのは、総務省の「家計調査」です。

高齢夫婦無職世帯（夫65歳以上、妻60歳以上）の家計収支データ（2017年）を見ると、夫婦二人の世帯収入が年約251万円に対し、年間支出が約316万円で、収支はマイナス65万円ほど。つまり、**年間約65万円の赤字**ということです。足りない分は現役時代の貯蓄を取り崩しています（図表1-5）。

これは全国平均のデータなので、実際には人によって収支状況は異なりますが、長年FPとして個人相談を受けてきた経験から見ると、年間収支がマイナス70万円弱というのはサラリーマンの定年後の実態に近いと言えます。年金収入が平均より多い人は、支出も多い傾向にあるからです。

それぞれの家計の実態は、年金生活に入ってみないと分からないので、この「年間赤字

図表1-5 今の高齢者の収支は？（65歳以降）

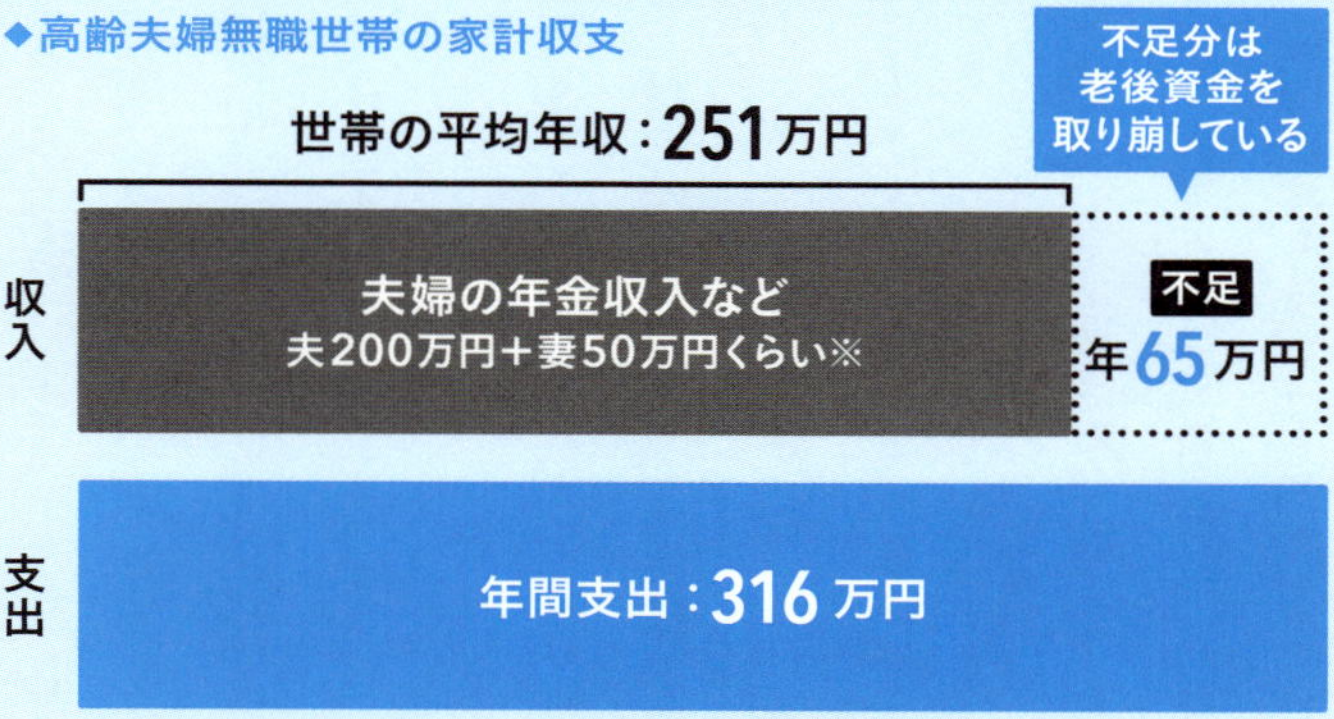

出所：総務省の家計調査（2017年）。「高齢夫婦無職世帯（夫65歳以上、妻60歳以上）の年間収支」。※は著者の家計相談の経験値による

70万円」をモデルにして続きを見ていきましょう。

まず、老後の生活資金の目安を計算します。定年後も65歳までは働き、年金だけの生活がスタートするのは65歳とします。貯蓄取り崩し額（年間収支の赤字分）は年約70万円なら、90歳までの25年間でざっくりと1750万円が必要です。

男性の中には「俺は90歳まで生きていないから、25年分も必要じゃない！」と思う人もいるかもしれません。厚生労働省の「平成29年簡易生命

表」によると、男性の平均寿命は81・09年、女性は87・26年。確かに、男性の平均寿命と「90歳」との間には少し開きがありますね。しかし、男女とも長寿化はじわじわ進んでいますし、女性の寿命は90歳にかなり近づきつつあります。妻が独りになったときの家計も念頭に置くのを忘れないようにしましょう。

最近はセミナー会場で「人生100年時代といわれているので、100歳までの年数で計算した方がいいのでは？」との質問を受けることもあります。確かに毎年の貯蓄取り崩し分は、長生きを考慮して計算するのが安心なのですが、自分や配偶者が何歳まで生きるのかはまさに神のみぞ知る。寿命を予測することは不可能です。

また、当然のことながら寿命設定年齢を高くするほど準備しなくてはならない金額は多くなります。実現不可能な目標額を設定するとモチベーションが一気に低下するので、それを避けるためにもまずは「90歳まで」を想定して必要な老後資金を考えることをお勧めします。

長生きの家系で90歳までの設定では心配な人は、目標額にプラスアルファをしておくと安心です。60代と90代では使うお金の額は同じではないので、厳密な設定をせずともいいのです。

家の修繕費や医療費などの支出にも備える

老後に必要な生活資金が大体見えたら、次に**「特別支出」**を見積もります。

恒常的に出ていく生活費の他に、数年に一度発生するのが「特別支出」です。住まいの修繕費用、クルマの買い替え費用、病気になったときの医療費などが考えられます。

特別支出も人によって異なりますが、ここでは仮に1000万円と見積もることにしましょう。

先の老後の貯蓄取り崩し額の1750万円と合わせると、65歳時点で2750万円、少し余裕を持たせて3000万円。これが老後資金の目安となります。よくいわれる**「老**

後資金は３０００万円」の根拠らしきものが見えてきました。

今から３０００万円は無理……ならどうする？

老後資金の目安はざっくり「３０００万円」。では３０００万円を準備できれば、皆が皆それで足りるのでしょうか。または、３０００万円貯められない人は全員が「老後貧乏」になるのでしょうか。

答えは「イエス＆ノー」です。

世帯の年金収入は、平均データより多い人もいれば、少ない人もいますし、支出状況も家庭によって様々です。正社員共働き夫婦なら二人分の年金があるので、それだけで十分暮らしていけるケースもあります。

「今の貯蓄額だと、60歳までに３０００万円貯めるのは無理！」と言う人も多いのでは

図表1-6 老後資金の目安はこう計算する

年金生活の毎年の予想赤字額 × 25年分（90歳－65歳） ＋ 特別支出 500万～1000万円 住宅の修繕費、病気の治療にかかる費用、クルマの買い替え費用など

＝ 老後資金の目安

例 年間赤字額が70万円、特別支出を1000万円とするなら

70万円 × 25年分 ＋ 特別支出 1000万円 ＝ 老後資金の目標額は 2750万円

ないでしょうか。何しろ序章で述べたように、今50代の私たちは「お金を貯めにくい環境」を生きているのですから。

でも、安心してください。

今のままでは「60歳までに3000万円」貯めるのが無理だとしても、「働く期間を延ばし、貯める時期を長くする」「世帯収入をアップする」など、老後貧乏を避けるための修正プランは複数あります。

まずは「目安」の金額を目標に少しずつ老後資金づくりをスタートする

ことが肝心です。

老後は明日突然やって来るわけではありません。時間を味方に付けて、できることから取り組んでいきましょう。

この章のまとめ

◆ 定年以降の「収入ダウンの崖」を意識し、50代、60代前半、60代後半の働き方や暮らし方をイメージしておく

◆ 子どもの教育費支出が終わってから定年までが「貯めどき」。その期間は全力で貯める！

◆ 老後資金は「定年までに3000万円」が一つの目安だが、支出を減らしたり、長く働いたりすれば必要な貯蓄は少なくて済む

第2章

「貯める力」を高め老後資金づくりを高速化する

今の暮らしを見直して年間貯蓄額を50万円増やす！

ゼロからの老後資金づくり、この先の見通しを立てる

第1章では、50代からの老後資金づくりでやるべき3つのことの1つ目、「これからの人生で起きる『お金の変化』を知る」を見てきました。

この章では「やるべきこと」の2つ目、**「今の暮らしを見直して、『貯める力』を最大限高めておく」**に取り組みます。

今の家計を見直して、優先度・必要度の低い支出を削り、その分を老後資金に回せば、着実に老後資金を積み上げていくことができます。

逆に、現在の貯められない状態のまま年金生活を迎えてしまうと、減った収入に合わせた家計のダウンサイズにすんなり取りかかれず、退職金をどんどん取り崩すことになってしまいます。これでは、老後貧乏の道へまっしぐらです。

「今の暮らしを見直して『貯める力』を高める」ことは、**「老後資金をつくることができる」**という目に見えたメリットだけでなく、**「収入ダウンの崖に直面したとき、減った収入に合わせた家計にシフトする力」を身に付けるトレーニング効果も期待できる**のです。

2つの大きなメリットがあるのが分かっても、「節約とか小遣いカットとか、家計の見直しって面倒なんだろうな……」と多くの人が感じるようですが、忙しい50代の皆さんに面倒を強いるようなことはしません。本書では、**一度やれば一生効果が続く、効果大の家計見直し方法**をお教えします。

家計見直しの効果をシミュレーション

具体的な見直し策に入る前に、家計の見直しが将来のお金にどのぐらい影響するのか、その効果を見てみましょう。

使うのは**「将来予測のキャッシュフロー(CF)」**という表。これは、個人の家計を予測して「年表」のようにまとめたもので、FPが用いるツールの一つです。

上から下に「家族の年齢」「ライフイベント記入欄」「収入の内訳」「支出の内訳」「年間収支」「貯蓄残高」の項目が並び、1年単位で左から右へ将来予測の数字が並ぶ表です。

皆さんに見ていただくのは、「支出の内訳」を省略したバージョンの「簡易CF表」です。家計を担当していない男性や多忙な働く女性は、「支出の内訳」を把握するのに手間がかかります。そこで私は誰でも作れる「簡易CF表」作りをお勧めしています。

支出の詳細な内訳の項目をなくし、年間収支（＝その年の貯蓄額）から将来の貯蓄残高を予測するだけのシンプルなもの。子どもの進学などまとまったお金が出ていく「ライフイベント支出」や、退職金など「一時的な収入」は考慮します。

ＦＰがＣＦ表を相談者のために作ったとき、真っ先に見るのは一番下の**「貯蓄残高」**の推移です。左から右に見ていき、将来にわたってお金が足りるなら、問題なしの家計です。反対に60代、70代の間に残高がマイナスになるようなら、要改善。「年間収支」の欄を見つつ、なぜ何年もマイナスが続くのか、「貯めどき」なのに貯蓄がわずかしかできていないのはどうしてか、など要因を探ります。

次ページで**「老後資金づくりまで手が回っていない50代のよくある家計」**の簡易ＣＦ表を見てみましょう。例として紹介したのは、２０１８年末時点で50歳の夫婦と、15歳と17歳の子どもの４人家族のＡ家の簡易ＣＦ表です。

ノーアクションのままだと・・・】

8	9	10	11	12	13	14	15	16	17	18	19	20
2026	2027	2028	2029	2030	2031	2032	2033	2034	2035	2036	2037	2038
58	59	60	61	62	63	64	65	66	67	68	69	70
58	59	60	61	62	63	64	65	66	67	68	69	70
25	26	27	28	29	30	31	32	33	34	35	36	37
23	24	25	26	27	28	29	30	31	32	33	34	35
長女社会人に		定年／退職金・住宅ローン完済				長男の結婚資金援助100万円	リタイア記念海外旅行費用70万円	長女の結婚資金援助100万円				
750	750	350	350	350	350	350						
							280	280	280	280	280	280
750	750	350	350	350	350	350	280	280	280	280	280	280
700	700	480	480	480	480	480	380	380	380	380	380	380
50	50	-130	-130	-130	-130	-130	-100	-100	-100	-100	-100	-100
		2000 ◀退職金										
		1000 ◀ローン完済				100	70	100		68歳でマイナス		
230	280	1150	1020	890	760	530	360	160	60	-40	-140	-240

簡易キャッシュフロー表【貯まらない現状を放置、

経過年数		前年末	1	2	3	4	5	6	7
西暦		2018	2019	2020	2021	2022	2023	2024	2025
家族の年齢	本人	50	51	52	53	54	55	56	57
	配偶者	50	51	52	53	54	55	56	57
	長男	17	18	19	20	21	22	23	24
	長女	15	16	17	18	19	20	21	22
ライフイベント支出				長男大学入学（150万円）	長男学費（120万円）	長女大学入学＋長男学費（150万円＋120万円）	学費2人分（120万円×2）	長男社会人に（長女学費120万円）	長女学費（120万円）
夫給与収入（手取り）		750	750	750	750	750	750	750	750
夫婦2人分の年金収入（手取り）									
(A) 世帯収入合計		750	750	750	750	750	750	750	750
(B) 支出		700	700	700	700	700	700	700	700
(C) その年の収支（A－B）		50	50	50	50	50	50	50	50
(D) 一時的な収入		学資保険		200		200	学資保険		
(E) ライフイベント支出				150	120	270	240	120	120
貯蓄残高［前年残高＋(C)その年の収支＋(D)一時的な収入－(E)ライフイベント支出］		450	500	600	530	510	320	250	180

注：年齢・貯蓄残高は年末時点のもの。金額の単位は万円

A家の妻は専業主婦、会社員の夫はあと10年ほどで定年を迎えます。**現在の貯蓄残高は450万円**。長男の大学進学が2年後に控えており、その後長女も続きます。**今あるお金の大半は教育費に使うことになる**でしょう。老後資金づくりは手付かずの状況ですが、「退職金があるから何とかなるだろう」と考えています。

今の50代の会社員によくあるケースです。

会社員として比較的多い2000万円もの退職金の受け取りを見込めたとしても、**今の暮らしを見直さずに「ノーアクション」のまま老後を迎えると、貯蓄残高は68歳でマイナスに転じます**。

このままではまずい。問題点を見つけて改善しなくてはなりません。

CF表から分かるA家の問題点は次のようなものがあります。

◆50代は収入も高く「貯めどき」なのに、**年50万円しか貯蓄できていない**

◆60代前半、再雇用で働くと一般に収入は大幅ダウン。「減った収入で収支トントンの暮らし」を目指さなくてはいけないのに、**支出の削減ができておらず、毎年130万円の赤字**（＝年130万円の貯蓄取り崩し）

◆60代後半、年金暮らしに慣れる前に子どもの結婚資金援助、リタイア記念の海外旅行で大きな出費をし、**貯蓄が大幅に減る**

今後の収入と支出の流れを「見える化」すると、家計の細かい問題点は分からずとも、「このままではまずい」ことは実感できます。貯蓄アップのモチベーションになるのは「危機感」。**現状把握で「まずい」と思うことは大事**なのです。

では、この「まずい状況」をどう改善していけばいいのでしょうか。具体的な対策は後ほど紹介しますが、まずは問題点を見直したあとのA家のCF表を見てみましょう。

しプランの実行後】

8	9	10	11	12	13	14	15	16	17	18	19	20
2026	2027	2028	2029	2030	2031	2032	2033	2034	2035	2036	2037	2038
58	59	60	61	62	63	64	65	66	67	68	69	70
58	59	60	61	62	63	64	65	66	67	68	69	70
25	26	27	28	29	30	31	32	33	34	35	36	37
23	24	25	26	27	28	29	30	31	32	33	34	35
長女社会人に		定年／退職金・住宅ローン完済				長男の結婚祝い金50万円	リタイア記念海外旅行費用70万円	長女の結婚祝い金50万円				
750	750	350	350	350	350	350	50	50	50	50	50	50
80	80	80	80	80	80	80	50	50	50	50	50	50
							280	280	280	280	280	280
830	830	430	430	430	430	430	380	380	380	380	380	380
650	650	430	430	430	430	430	350	350	350	350	350	350
180	180	0	0	0	0	0	30	30	30	30	30	30
		2000										
		1000				50	70	50				
1270	1450	2450	2450	2450	2450	2400	2360	2340	2370	2400	2430	2460

年金をもらいながら、夫婦2人で年100万円働くと収支はプラスになる

収入が減ったら支出も見直す

60代前半は収支トントンを目指す

70歳でこのくらいのお金があると老後貧乏は避けられる

簡易キャッシュフロー表【問題点を改善する見直

経過年数		前年末	1	2	3	4	5	6	7
西暦		2018	2019	2020	2021	2022	2023	2024	2025
家族の年齢	本人	50	51	52	53	54	55	56	57
	配偶者	50	51	52	53	54	55	56	57
	長男	17	18	19	20	21	22	23	24
	長女	15	16	17	18	19	20	21	22
ライフイベント支出				長男大学入学（150万円）	長男学費（120万円）	長女大学入学＋長男学費（150万円＋120万円）	学費2人分（120万円×2）	長男社会人に（長女学費120万円）	長女学費（120万円）
夫給与収入（手取り）		750	750	750	750	750	750	750	750
妻のパート収入		0	80	80	80	80	80	80	80
夫婦2人分の年金収入（手取り）									
(A)世帯収入合計		750	830	830	830	830	830	830	830
(B)支出		700	650	650	650	650	650	650	650
(C)その年の収支（A－B）		50	180	180	180	180	180	180	180
(D)一時的な収入				200		200			
(E)ライフイベント支出				150	120	270	240	120	120
貯蓄残高［前年残高＋(C)その年の収支＋(D)一時的な収入－(E)ライフイベント支出］		450	630	860	920	1030	970	1030	1090

妻のパート収入と支出の見直しで貯蓄増！

注：年齢・貯蓄残高は年末時点のもの。金額の単位は万円

3つの見直しを実行すると70歳で2460万円貯まる！

見直し後のキャッシュフローでは、**70歳時点の貯蓄残高は2460万円**。これだけあれば老後貧乏は避けられそうです。ノーアクションだと70歳時点でマイナス240万円だったので、どんなマジックを使ったのかと思うことでしょう。実は、見つかった問題点に対策を打っただけです。

見直しポイントは次の通りです。

◆**50代の「貯めどき」を逃さない**⬇固定費を中心に家計を見直し、**支出を年50万円削減**。さらに**妻がパートをスタート**。収入年80万円を老後資金として貯める

◆**60代前半の再雇用期間は、収支トントンの暮らしを目指す**⬇支出の見直しと、妻もパートを続けることで**収支トントンを実現**

◆**60代後半は、年金を受け取りながら少し働く**⬇夫婦二人で年100万円働くと、**年間収支は赤字にならず、かつ年30万円貯蓄**ができる

この「3つの見直しポイント」、どこかで見たことがありませんか? 実は、第1章で述べた「50代、60代前半、60代後半にそれぞれすべきこと」をしただけです。

それぞれもう一度復習してみましょう。

50代のうちにすること

50代の「貯めどき」を逃してはいけません。家計を見直す、妻も働くなどして、月々の貯蓄額アップを目指しましょう。

家計支出を年50万円削減するには、**保険の見直しと通信費などの固定費の削減**に取り組みます。固定費削減のやり方については78ページから解説します。

既に妻がパートで働いており収入があったとしても、50代夫婦の場合、その収入が貯蓄に回らずに妻のお小遣いや子どものための出費に何となく消えているケースが大半です。その「何となく消えていく」状況を解消し、**毎月一定額を老後資金として妻名義の口座で積み立てる**ようにしましょう。**「妻名義」、ここがポイントです**。

男女の平均寿命を考えると、妻より夫が先に亡くなる可能性が大。妻が残った場合、遺族年金があっても夫婦二人のときより収入は格段に減ります。そのとき「自分名義のお金」は心強いものです。

以前、家計相談にみえた50代夫婦の妻が「私、パートで働いて60歳までに自分のお金を1000万円貯めるのが夢なの！」とうれしそうに話していたのがとても印象に残っています。その方は40代後半からパートで働きだし、年70万～80万円、自分のために貯蓄を続けています。月にすると6万～7万円。このペースなら、60歳で目標が達成できそうです。**「妻名義で1000万円の老後資金」**、ぜひ取り組んでみてください。

60代前半ですること

次は60代前半での見直しです。

退職金で住宅ローンが完済できると毎月の返済がなくなり、60代前半に「収支トントンの暮らし」が実現しやすくなります。

子どもが社会人になったので保険を見直し、年金生活に向けて生活費やその他の支出も月数万円カット。できることは何でもして、「収支トントン」を目指します。

1回目の「収入ダウンの崖」に直面して年収が半減する60代前半に赤字を出さないで暮らすのは、簡単なことではありません。私自身、「赤字を出さずに支出をコントロールできるプランを読者は確実に実行できるだろうか」と思い悩みながら簡易CF表に向き合いました。

暮らしを見直し、支出を削減するのは簡単ではありませんが、**60代前半で取り組んで**

おかないと、退職金はどんどん目減りするばかり。収入ダウンの崖は65歳にもあります。ですから、60代前半の再雇用期間に**「収入が減ったら必ず支出を見直す習慣」**を身に付ける必要があるのです。

子どもの結婚時の資金援助は、年金生活に慣れる前は慎重に行いたいもの。子どもが2人、3人いると同じようにしなくてはいけないので、見直し実行後の簡易CF表では、「資金援助」として100万円出すのではなく「お祝い」として50万円あげるプランとしました。

多くの人は「子どもには、最低限自分の親がしてくれたことをしてあげたい」と言いますが、時代が違います。序章でも述べたように、**皆さんは「お金を貯めにくい時代」に生きているの**です。家計に大きな余裕がないなら、子どもへの援助よりも**自分たちの長い老後生活を優先してもいい**と考えてください。

リタイア記念の夫婦の海外旅行の予算は、金額を見直さずに計上してあります。

60代後半ですること

60代後半は、年金を受け取りながら夫婦ともに「少し」働きます。

年金収入だけだと、年間収支は赤字になり貯蓄残高は年々減少します。たっぷりと老後資金が貯まっている人なら、もちろん完全リタイアでもＯＫ。しかし、**老後資金づくりのスタートが遅かった場合は、60代後半以降も少しだけでも働いた方がいい**でしょう。

見直し実行後の簡易ＣＦ表では「夫婦二人で合計年１００万円働く」としました。もっと働くプランにしてもいいのですが、50代の今のうちから60代後半の気力・体力は予想できません。ですから、「二人で少し働く」としています。

先述した「収入がダウンしたら支出を見直す」というルールに沿って、年金受給が開始した段階で生活費等をもう一段階見直します。

このように「50代のうち、60代前半、60代後半」のそれぞれの場面でやるべきことを実

図表2-1 家計を見直せば貯める力は高まる！

◆家計改善をした場合としなかった場合の貯蓄残高推移の比較

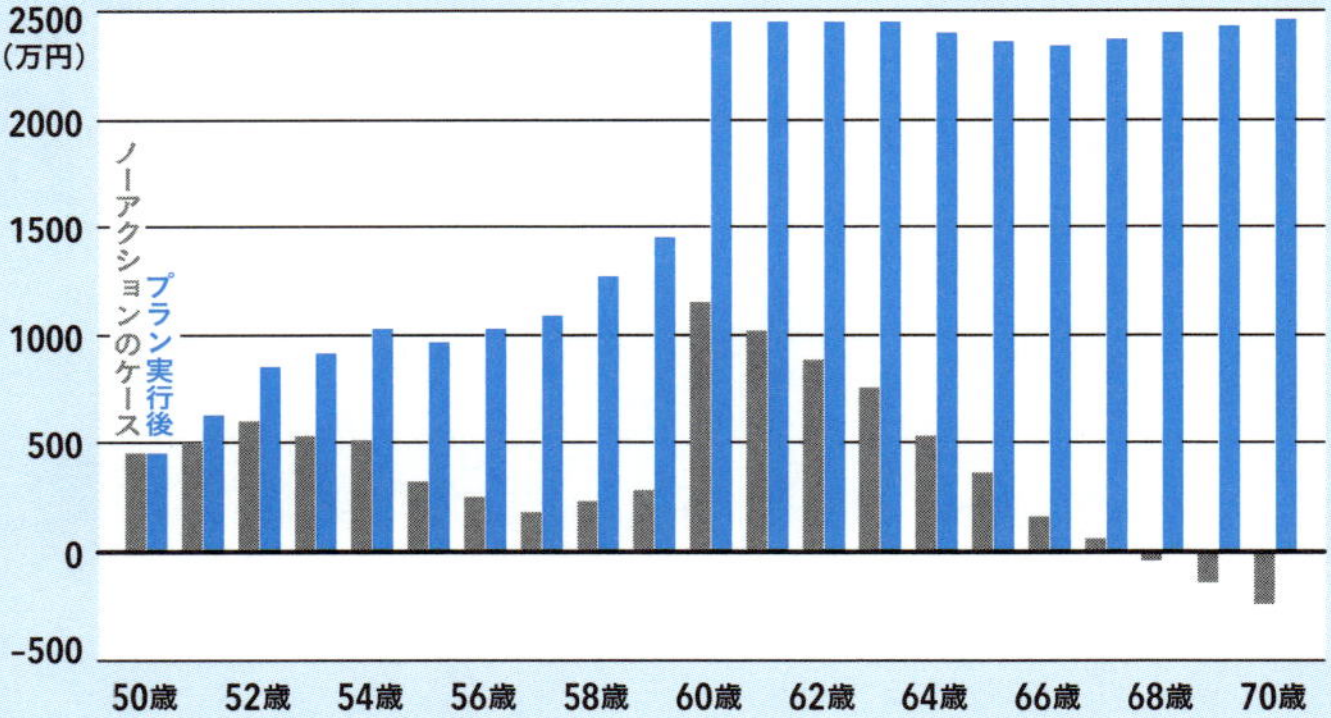

行することにより、**70歳時点の貯蓄残高は2460万円**となります。何もしなかったら赤字だったことを考えると、50歳前後で将来のキャッシュフローを見通しながら、家計を見直してみることの大切さが分かります。

まだ老後資金づくりに着手していなくても、**70歳までの時間を味方に付けると、老後を大きな心配がないものに変えることができる**のです。

巻末に記入用のCFシートを用意しましたので、ぜひ活用してみてください。

ちなみに私は子どもがいないので、教育費負担による支出の変動がありません。一方、収入は夫婦ともに自営業のため、毎年変動します。

このため私自身のCF表は、65歳までは収入と支出の欄を使わずに、「年間収支」欄に年間目標貯蓄額を記入。目標となる貯蓄額を積み立てし、残ったお金で暮らすことを心掛けています。売り上げが少なく、難しい年もたまにありますが……。そういうときは、旅行の予算を減らしたり、大きな買い物をしないようにしたりして、目標貯蓄額を死守するように心掛けます。

巻末のCFシートを使って現状を把握したあとは、年間収支＝年間貯蓄額を決め、その実現のために暮らしをどう見直すのかを考える、という使い方も一法です。

家計の見直しは、日々の努力要らずで効果大の「固定費」から

ここからは、支出を見直すための具体的プランを見ていきましょう。

支出は、保険料や通信費などといった毎月同じ金額が出ていく「固定費」と、食費や公共料金、交際費など金額に変動がある「変動費」に分けられます。

見直しするなら、まず**「固定費」から着手**しましょう。なぜなら、固定費を見直した方が、手間なく大きな削減効果が期待できるからです。

食費や公共料金などを削減しようとすると毎日の努力が必要です。しかも家族の協力は不可欠。一方、**生命保険料や通信費は、一度見直しに取り組めば、翌月から確実に支出が減り**、その効果は**頑張らなくてもずっと続きます**。見直しを始めてすぐに月に数万円の支出削減ができると、気持ちが楽になり、その他の見直しにも前向きに取りかかれる効果も

あります。

まず「貯める力アップ」に即効性のある**生命保険の見直し**から取り組みます。

例えば、50歳の人が**月に2万円保険料をカット**できたとすると、60歳までの**10年間で240万円も貯蓄**に回すことができます。これは大きいですよね。

保険の見直しで最初にアドバイスしたいことがあります。それは、**「保険は必ず入っておくものだ」という思い込みを捨てること**。

今の50代以上の世代は、社会人になってすぐに保険会社の営業職員に勧められて保険に入り、「万が一のときのためにずっと入っておくもの」と考えている人が大半です。

そもそも保険とは「起きてほしくないことが起きて、経済的に困ったとき」に備えるために利用するもの。子どもが小さいうちは、家計の担い手が亡くなってしまうと、生活は苦しくなりますし、子どもの教育費を準備するのが難しくなったりします。

このような「起きては困ること」に備えて、まとまったお金を受け取ることを目的に加入するのが生命保険です。

一方で子どもが既に独立をした、子どもがいない、子どもは大学生で教育資金の準備は済んでいるなどといった人は、高額な保障の生命保険は不要です。**家族構成や子どもの年齢などに応じて、保険の必要度は変化する**のです。

50代の人が老後の準備を始めるなら、「保険は必ず入るもの、ずっと必要なもの」という思い込みを捨て、すみやかに見直しをしましょう。

「お得な制度」を知れば保険料は安くできる

生命保険料を安くするコツは次の3つです。

❶ 目的に合わせて保険を選ぶ

死亡保障と医療保障は別々に考える

セットものは不要な保障が付いているので保険料が割高なことが多い

❷ 民間の保険に入る前に「既に持っている保障」を知る

公的保障と勤務先の福利厚生を見逃さない

❸ 必要な時期だけ保障を買う

子どもの成長とともに高額な保障は不要になっていく

1つ目のコツ**「目的に合わせて保険を選ぶ」**ですが、生命保険加入の目的は「**死亡保障**（自分が亡くなって経済的に困る人がいる場合）」「**医療保障**（病気やケガで〝入院や手術をしたとき〟に経済的に困る場合）」の2つです。漠然とした不安や心配に備えることは、保険加入の目的にはならないことを覚えておきましょう。

民間の保険に頼らなくても、ある程度の「保障」は持っている！

2つ目のコツ、**「民間の保険に入る前に『既に持っている保障』を知る」**ことは、保険の加入や見直しには欠かせないプロセスです。

図表2-2の「保障設計ピラミッド」を見てください。

私たちは、遺族年金や健康保険制度などの**「国の保障（社会保障）」**によって、既にある程度の保障を持っています。会社員や公務員なら死亡退職金や弔慰金、健康保険の補助など、頼りになる**「勤務先の保障（福利厚生）」**もあります。さらに**「私的保障」**は、金融資産や家族の収入のことです。

皆さんは民間の保険に入る以前にこれほどの保障を既に持っています。これらで不足がないならば保険に入る必要性はありませんし、足りないなら、「不足する分だけ」民間の保険を利用します。

図表2-2 保障設計はピラミッドのイメージで

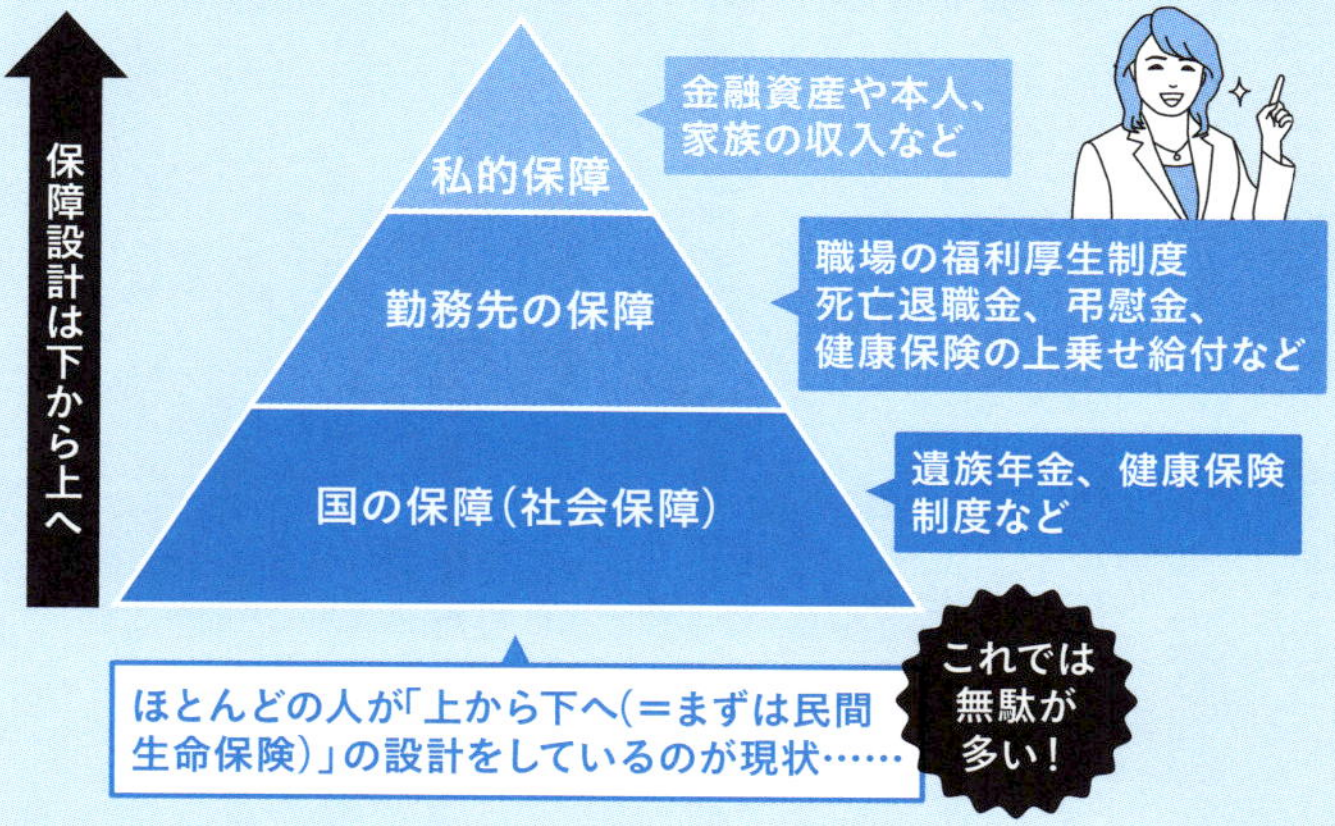

3つ目の**「必要な時期だけ保障を買う」**というコツは、まさに50代前後の人が知っておかないといけないことです。

例えば、死亡保障なら子どもの成長に伴って保険に頼る保障額は徐々に減っていきます。必要な時期とは、子どもが社会人になるまでの間です。

医療保障は、老後を迎えてもずっと必要なものと考えている人が大多数なのですが、実はそうではありません。民間医療保険は基本的に「病気やケガで入院または手術をしたときに給付金が出るもの」です。外来で医療費が高額になったとしても、原則として医療保険からは給付金は出ないのです。

1カ月程度の入院費用を貯蓄でカバーできるなら、医療保険は不要と言えるでしょう。病気への備えとして**貯蓄が200万円程度できたら、子どもが社会人になるのを待たずに医療保険から「卒業」する**ことが可能です。

死亡保障はライフステージに応じて見直しを

死亡保障の見直しプランを考えてみましょう。

結論から言うと、保険料を安くするには「掛け捨て」の定期保険を選ぶこと。インターネット経由で加入ができる「10年定期保険」、もしくは勤務先の「グループ保険」がお薦めです。多くの50代が加入している総合型の保険（死亡保障、医療保障など盛りだくさんのセット商品）に比べて、保険料は格段に安くなります。

注意点は、「**新しい保険の契約が成立してから、現在入っている保険を解約すること**」です。先に解約をし、その後申し込んだ新しい保険に加入できなかったら「無保険状態」になってしまうからです。

それから、駅前や街角の保険ショップは利用しないこと。無料で相談が受けられますし、複数プランから選べることは一見中立公正なサービスに見えますが、実態は「多くの保険会社と取引がある保険代理店」であり、販売ありきです。

複数のプランを提示してくれますが、「お客様は貯蓄が十分にあるので、保障は要らないですね」「勤務先の福利厚生で十分ですね」といった「保険は不要」というアドバイスを受けることはないでしょう。

現在加入の保険を見直し（解約）、新規で保険を販売しないと、無料相談にかかるコストが赤字になってしまうからです。相談料が無料ということは、そういうことだと肝に銘じておいてください。

死亡保障額を決めるために「既に持っている保障」を見ていきましょう。

国の保障で代表的なものは遺族年金です。

会社員や公務員の男性が死亡すると、残された妻は**遺族厚生年金**を、妻が再婚または死亡するまで受け取ることができます（夫死亡時30歳未満で子のいない妻は5年間）。加えて、高校を卒業していない子ども（18歳になる年度末までの子）がいると、子どもの人数に応じた額の**遺族基礎年金**も受給できます。

では、妻と子どもがいる会社員が死亡した場合、遺族年金はいくらぐらいもらえるのでしょうか。

遺族厚生年金は、それまでの給料や年金加入期間によって金額が決まりますが、40代なら年50万～60万円、50代なら年60万～70万円が目安です。

遺族基礎年金は、遺族が妻と子ども1人の場合で年約１００万円、妻と子ども2人なら年約123万円です。

つまり、妻と高校生以下の子どもが1~2人いる会社員や公務員が亡くなった場合、国から遺族年金として、合計160万~200万円程度のお金がもらえるわけです。1カ月当たり約13万~16万円ですね。

なお、遺族年金は「年収が恒常的に850万円未満」であれば、働く妻も受け取ることができます。

意外に皆さんご存じないのですが、勤務先の福利厚生も頼りになります。企業によって制度の内容は異なりますが、在職中に死亡すると**死亡退職金や弔慰金**が出ますし、中には**残された子どもの育英年金を出す会社もある**のです。

例えば妻と子どもが2人いるAさんの場合、勤務先の福利厚生で子ども（高校卒業まで、または20歳までなど、企業により規定は異なる）1人につき2万円受け取れる育英年金制度があったなら、Aさんの死亡後、妻は**国の年金と合わせて月19万～20万円**の収入が見込まれます。

しかも、**遺族年金収入は非課税**です。

妻が現在専業主婦だとしても、夫が亡くなると働きに出るでしょう。パートで月10万円の収入を得ることができると、国と勤務先から受け取る年金との合計で月30万円ほどの収入にもなります。

さらに、住宅ローンは「団体信用生命保険」で返済の必要がなくなります。

残された妻と子どもは住まいを確保したうえに、月約30万円の収入があれば生活に大きく困ることはないと考えられます。

この他に夫の死亡により、**勤務先からの死亡退職金や弔慰金など「一時的な収入」**もあります。もらえる金額は勤務先により異なりますが、50代なら1000万～1500万円

図表2-3 万が一のときもらえる遺族年金

◆50代の会社員・公務員の夫の死亡時、妻が受け取る遺族年金

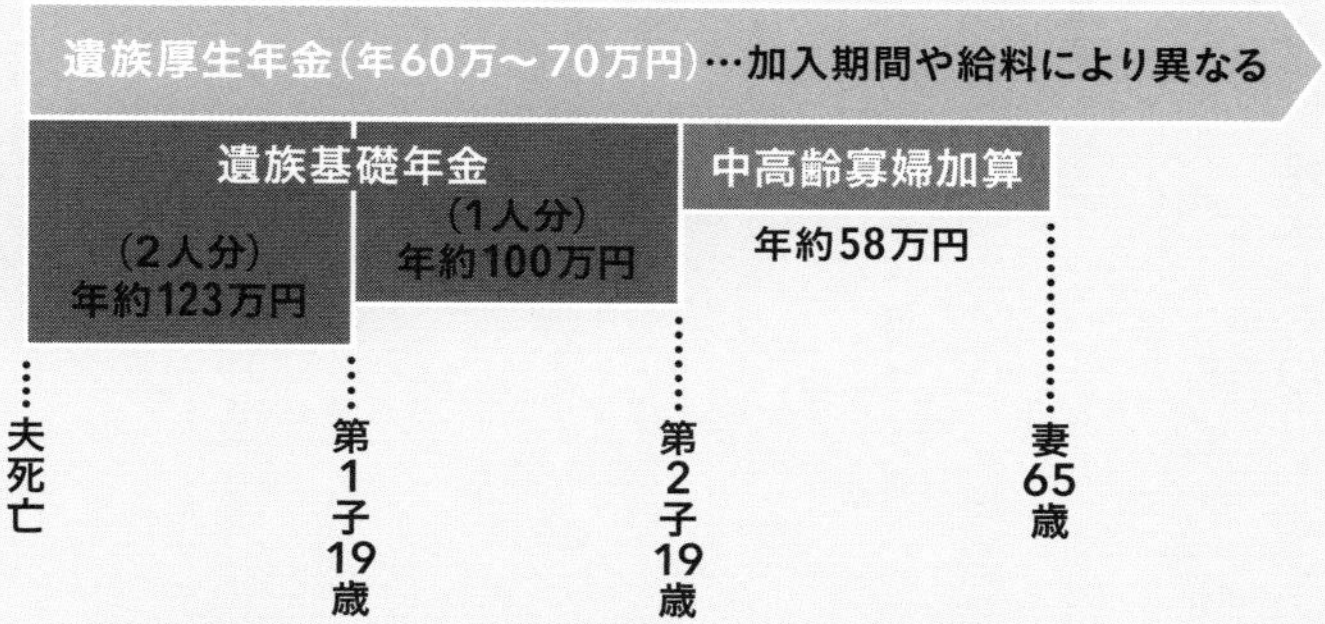

注：中高齢寡婦加算とは、遺族基礎年金の受給が終わり、妻自身の年金がスタートするまでつなぎとして受け取れる年金

遺族厚生年金

◆原則、妻が受け取る
（妻が死亡または再婚するまで受け取れる）
◆金額は年金加入期間と平均給与額により決まる
ただし2007年の改正により、「夫死亡時30歳未満で子のいない妻」は、5年間だけしかもらえなくなった

遺族基礎年金

◆18歳になった年度末までの子がいる場合に支給される。金額は子の人数により決まる

◆遺族基礎年金額 2019年度（年額）

遺族が配偶者と18歳未満の子の場合		遺族が18歳未満の子のみの場合	
配偶者と子1人	100万4600円	子1人	78万100円
配偶者と子2人	122万9100円	子2人	100万4600円

3人目以降1人につき7万4800円加算

を目安に考えるといいでしょう。自己都合で退職したときに受け取れる退職金より少し多めの金額、と考えてください。

弔慰金も確認してみましょう。50万円程度の会社もあれば、1000万円超のところもあります。福利厚生ハンドブック等で確認できます。

仮に死亡退職金と弔慰金の合計が1300万円で、死亡時点での金融資産が500万円あったとすると、一家の大黒柱の死亡という万一の事態が発生したときには、手元資金1800万円からのスタートとなります。国や勤務先からもらえる遺族年金と妻のパート代をあわせて月30万円程度の収入があるとすると、この家庭で夫が現役中に亡くなるという非常事態が起こったとき、**「月約30万円の収入」と「金融資産1800万円」が「既に持っている保障」**と見込まれます（図表2-4）。

ではこの「既に持っている保障」を前提とした場合、民間の生命保険でどの程度の死亡保障に入っておけば安心なのでしょうか。

図表2-4 「既に持っている保障」の考え方

ケーススタディー　会社員Aさん（50歳・男性）が仕事中以外で死亡したら……

妻（パート勤務）50歳・高校生の子が2人の場合

一時金		
勤務先から	死亡退職金	約1200万円
	弔慰金	100万円
一時金合計額		1300万円

金融資産500万円とすると
万が一のとき生活は
1800万円からのスタート

年金給付受け取りなど		
国から	遺族厚生年金	月　約5万円
	遺族基礎年金	月　約10万円
勤務先から	遺児育英年金	月4万円
年金受取合計額		月　約19万円（年額　約228万円）

妻のパート収入
月10万円を合わせると、
月約30万円の収入になる

注：遺族基礎年金と遺児育英年金は子どもの数や企業の制度内容に応じて変わる

2人の子どもの教育資金を全く貯められていないとすると、子ども1人につき1000万円、プラス妻の老後の生活費1000万円で計3000万円程度の備えを想定するのが一般的。だとすると、「既に持っている保障」を除いた1200万円、少し余裕を持って1500万円の死亡保障があれば安心ということになります。**「既に持っている保障」を知れば、死亡保障の額は意外に少なくて済むことが分かります。**

勤務先に企業年金がある場合、在職中の死亡時には遺族に一時金で支給されることがあります。勤続年数など一定の条件を満たす必要がありますが、50代の保障設計を考える際には見逃せない金額になるはずですから、一度会社の福利厚生ハンドブックや企業年金の規約を熟読することをお勧めします。

ここまでで、「万が一」の事態を具体的にイメージできたのではないでしょうか。「既に持っている保障」で足りない部分だけ、民間の生命保険に頼ればいいのです。子どもの教育資金の準備がまだ途中であるならば、大学卒業までの準備できていない学費と、妻の老後資金の一部について死亡保障の「定期保険」もしくは、勤務先の「グループ保険」に入るといいでしょう。

病気に備えるにはまず健康保険を知る！

次に「医療保障」です。多くの人が「病気への備えには、まず民間医療保険に入ること」と考えていますが、その前に「既に持っている保障」である健康保険の「高額療養費制度」を知ることが肝心です。

病院の窓口負担は69歳までは3割ですが、**「高額療養費制度」により所得区分に応じた限度額があり、超過分は後日払い戻されます**（95ページ図表2−5）。つまり、医療費の自己負担は青天井でかかるわけではなく、一定の限度額が設けられているのです。

95ページの図表2−6を見てください。例えば、所得区分（ウ）に該当する人が大腸がんの手術のために3週間入院し、医療費（10割分）が100万円かかったとしましょう。計算式に当てはめると、限度額は8万7430円。3割負担で30万円支払ったとしても、申請することで**差額の約21万円が高額療養費として払い戻されます**。

食事代の自己負担（1食当たり460円）や雑費を含めても、入院にかかるお金は10万円前後が目安です。この程度の金額なら、医療保険に頼らずとも貯蓄で賄えるのではないでしょうか。

がんになっても「月2万円が上限」の健保組合もある

会社員、公務員の場合、加入の健康保険によっては「付加給付」といって、さらに**上乗せの給付を受けられる**場合があります。

例えば、金融機関やマスコミの健保組合のほとんどは、収入の多寡に関係なく「1カ月の自己負担額は2万円」としています。電機メーカーや通信業界、自動車関連の健保組合は、限度額2万～4万円が多数です。公務員が加入する共済組合は、一般所得者が月2万5000円、上位所得者は5万円が上限としています。

図表2-5 1カ月の医療費負担には上限がある

◆高額療養費制度による自己負担限度額

所得区分	1カ月の自己負担限度額	4回目以降
ア 上位所得者（健保：月収81万円以上）	25万2600円＋（医療費－84万2000円）×1%	14万100円
イ 上位所得者（健保：月収51.5万以上～81万円未満）	16万7400円＋（医療費－55万8000円）×1%	9万3000円
ウ 一般所得者（健保：月収27万以上～51.5万円未満）	8万100円＋（医療費－26万7000円）×1%	4万4400円
エ 一般所得者（健保：月収27万円未満）	5万7600円	
オ 住民税非課税世帯	3万5400円	2万4600円

注：69歳までの限度額。所得区分の月収は社会保険料を計算する根拠の「報酬月額」のこと（各種手当込みの金額）

図表2-6 医療費100万円でも負担は10万以下

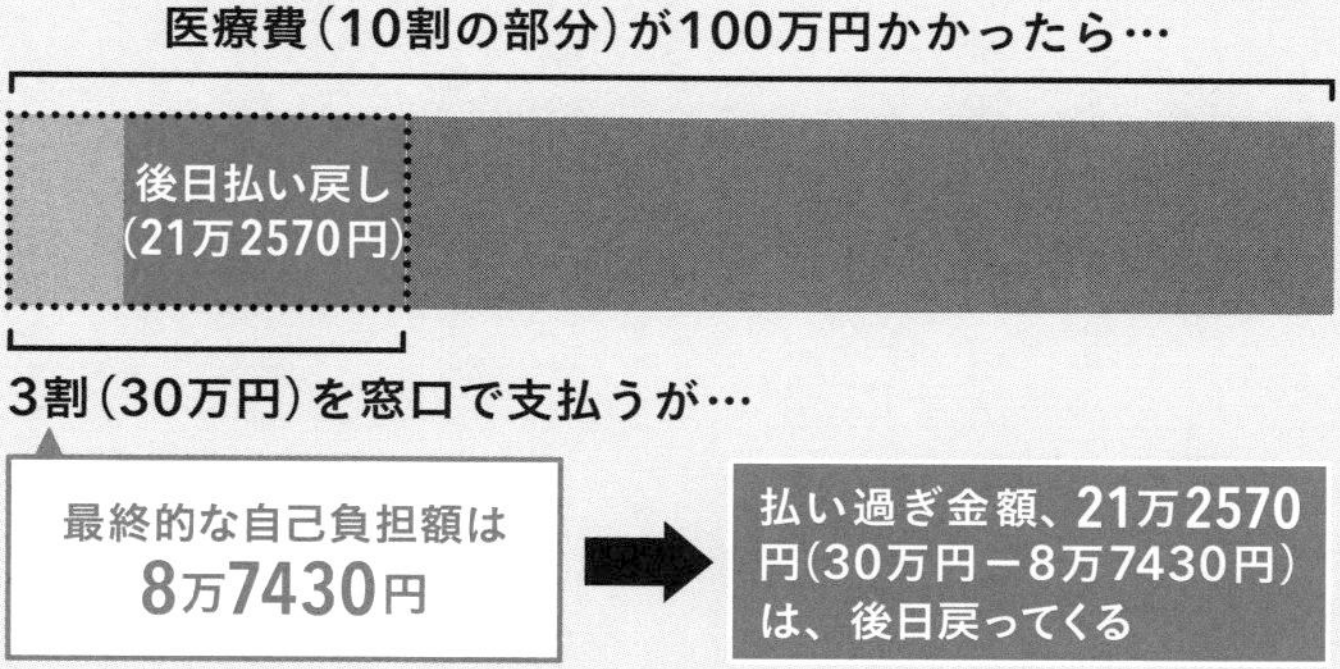
医療費（10割の部分）が100万円かかったら…
後日払い戻し（21万2570円）
3割（30万円）を窓口で支払うが…
最終的な自己負担額は8万7430円
払い過ぎ金額、21万2570円（30万円－8万7430円）は、後日戻ってくる

注：上記に加え食事代の自己負担額（1食460円）がかかる。所得区分「一般所得者」の場合

健康保険の高額療養費は、**入院、外来を問わず給付を受けることができます**。仮に「1カ月の自己負担上限は2万円」という恵まれた健保組合に加入している人は、「がんで高額な治療費がかかっても月2万円で済む」わけです（健康保険診療が対象）。

健康保険の「付加給付」も「既に持っている保障」です。私のFP経験に基づく感覚だと、**高額療養費制度を知っている人は2～3割程度、さらに付加給付を知っている人は1割以下**にとどまるという印象です。まさに「知らなきゃ損」です。

付加給付の有無、ある場合の給付内容は、健保組合のホームページ（HP）に記載があります。「医療費が高額になったとき」というページに高額療養費の表が掲載され、その下の方に「当健保組合は独自の給付があります」などといった説明があります。

例えば「2万円を控除した金額を給付する」とあれば、自己負担額の上限は2万円ということ。一度、自分が加入する健保のHPで確認してみましょう。

入院は短期化傾向、医療保険加入のメリットは少ない

多くの人は、治療にかかる費用に対し「医療保険で備える」と思っていますが、私は**「貯蓄で備えるのが基本」**と考えます。

健康保険の高額療養費制度という「既に持っている保障」が充実していますから、貯蓄でカバーできる部分が多いです。

また、通院などでかかった費用は原則としてカバーできないことも覚えておきたいことの一つです。医療保険から給付金を受け取れるのは基本的に「入院か手術をしたとき」。通院保障が付加されていても入院が前提になっていることがほとんどで、「退院後○日以内の通院」など支払い条件は細かく決められています。

一方で、国は国民医療費の削減を目的として**入院の短期化**の政策を取っています。さらに医療技術の進歩により入院せずに外来でできる治療が増えています。

左の図表2–7をご覧ください。厚生労働省の患者調査によると、入院患者の**半数以上が10日以内で退院**しています。30日以内で退院する人は、実に83%にもなります。

では、がんの入院はどうでしょうか。先の調査で「新生物」のみの入院データを拾ってみました(図表2–8)。「10日以内」は46%ですが、「30日以内」は86%と病気全体のデータの83%よりも多数を占めます。がん入院は手術を伴うことが多いため、4日以内の入院が少なく、11日以上の入院が占める割合が多いからでしょう。

がんの3大治療とは、手術、抗がん剤治療、放射線治療です。最近は、抗がん剤と放射線の治療はほとんどが外来で行われます。がんに罹患《りかん》し、外来での抗がん剤と放射線の治療だった場合、医療保険ではカバーできず、その治療費は月々の収入や貯蓄から捻出することになります。

だとすると、病気の治療費への備えは、貯蓄を基本としつつ、外来での治療が長引くが

図表2-7 入院日数は、短期化の傾向にある

◆全傷病の入院日数

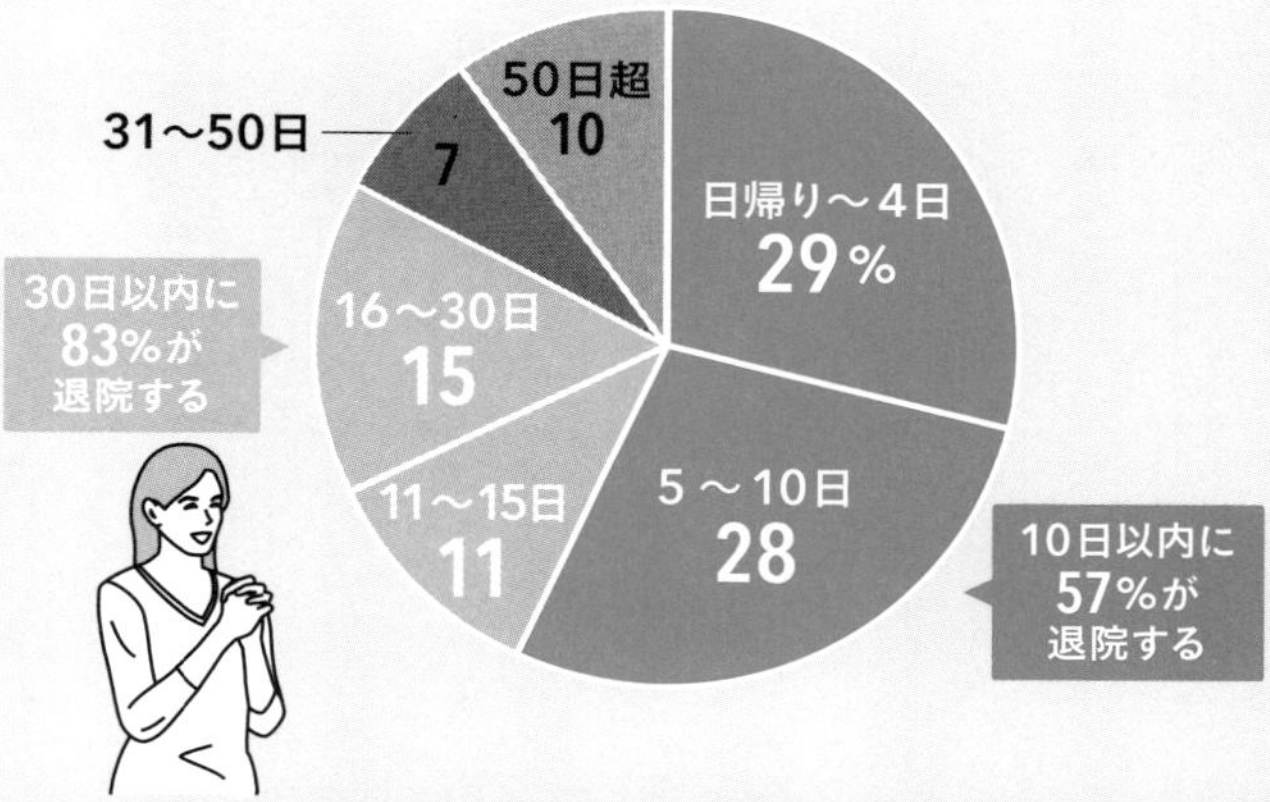

図表2-8 がんの入院日数も1カ月以内が8割超え

◆「新生物（がん）」の入院日数

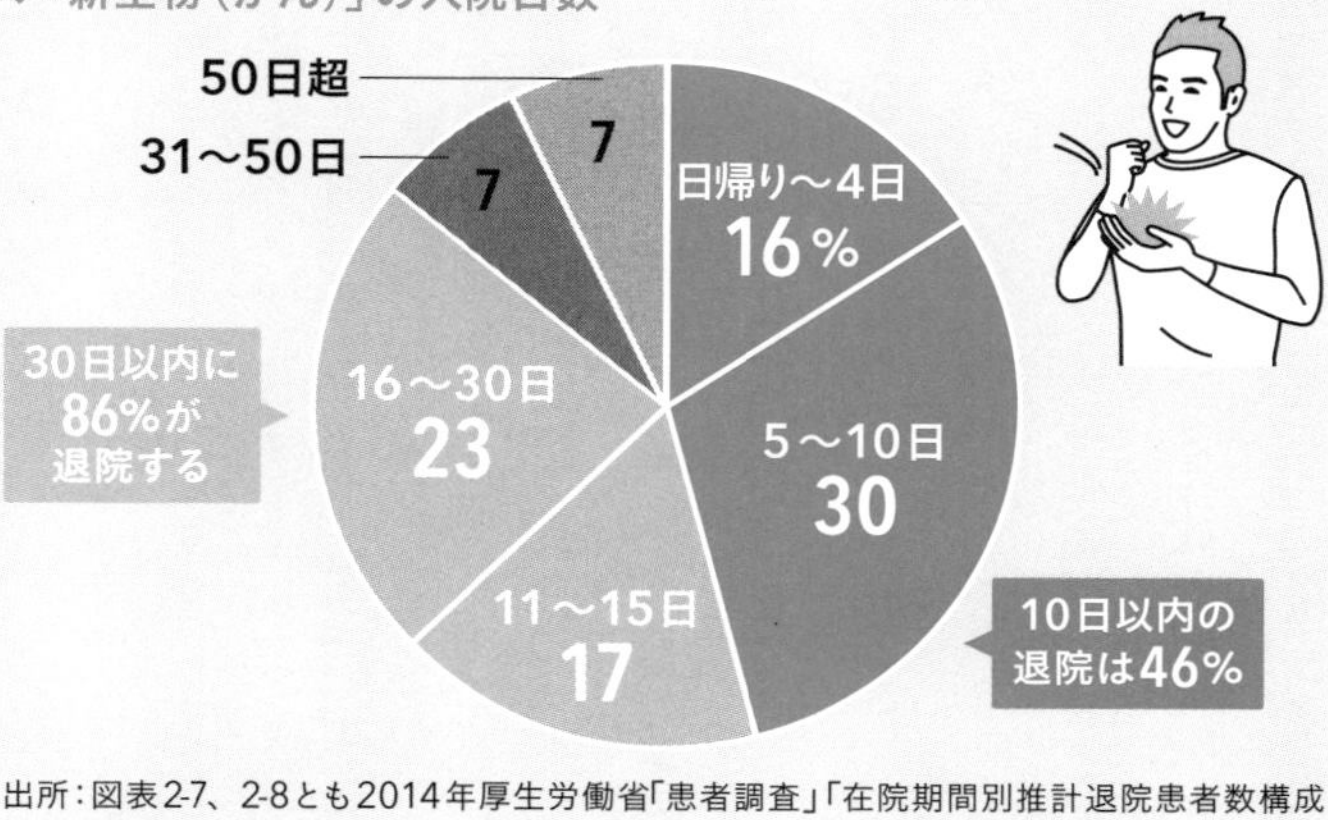

出所：図表2-7、2-8とも2014年厚生労働省「患者調査」「在院期間別推計退院患者数構成割合」から

ん治療の費用が心配な場合は、がん保険で備えるのも一法です。

がん保険は「診断給付金」重視で選ぶ

がん保険は、まとまった金額の「がん診断給付金」があるのが特徴です。悪性のがんと診断されると100万円などの一時金が支払われます。

がん保険と一口に言っても、商品内容は各社それぞれです。選び方のポイントとして押さえておきたいのが、**「がん診断給付金（一時金）」が50万～100万円あること**。複数回出るタイプもありますが、保障が手厚いと保険料が高くなるので「複数回支払い」にはこだわらなくてもいいでしょう。

「入院給付金」と「手術給付金」に加え、外来で行う「抗がん剤治療」と「放射線治療」の給付金もあると安心ですが、これもまた保障が手厚いと保険料が高くなるので、「診断給付金」重視でいいと思います。一時金があれば、外来での治療費をカバーできます。

既にがん保険に加入している人は、保険料が安くてそれなりの保障が付いているなら、わざわざ新たに保険に入り直す必要はないと思います。

今50代の人が、20年以上前に入ったがん保険なら、月払い保険料が1000～3000円台のものが少なくありません。最新のがん保険に比べると、保障が手薄に見えるかもしれませんが、がんにならないかもしれないので、**保険料が安いのが一番**。加入のがん保険で足りない分は貯蓄を使えばいいのです。

参考までに私の医療保障プランは**「がんにはがん保険＋貯蓄で、それ以外の病気は貯蓄で備える」**というものです。

夫婦ともに自営業で、入院するとその間の売り上げがなくなる高リスクカップル。なので以前は、医療保険とがん保険の両方に入っていました。

40代半ばに医療保険を不要に感じ、解約しました。共働きなのでどちらかが入院しても一方は働いていますし、長年働き続けて**「病気に備えるための貯蓄」**を確保できたからです。

がん保険は20年くらい前に入ったもので月払い保険料は1850円と格安。古いタイプで外来での治療費をカバーする給付金はありませんが、診断給付金が100万円あるのでよしとしています。

がん保険を選ぶときは、**「年金生活になっても払い続けられる保険料であるか」**をチェック項目に加えるといいでしょう。保障盛りだくさんで月7000円前後のがん保険の保険料は、収入の高い50代のうちは問題なく払っていけます。

しかし、年金生活に入り収入がダウンすると月7000円、夫婦で1万4000円は大きな負担となるでしょう。50代前後の人の目安は、**高くても月払い4000円前後。**夫婦二人分で月1万円までに収めたいものです。

公益財団法人生命保険文化センターの「平成30年度　生命保険に関する全国実態調査」によると、1世帯当たりの年間の生命保険料（個人年金保険含む）は38万2000円。毎月約3万2000円を「万が一の備え」のために支払っていることになります。決して小さくない金額です。

この機会にぜひ我が家の保険を棚卸しして、保障内容を見直し、必要最小限の保険に絞り込む作業をしてみてください。

イマドキ家計の金食い虫、通信費を見直す！

通信費の見直しも支出削減に効果的です。固定費ですから、一度見直しすれば翌月から支出が減り、日々の努力は不要です。

固定電話と携帯電話、インターネットのプロバイダー料金や有料テレビの視聴料などを「通信費」に分類します。一つひとつは1万円に満たない出費なのですが、**全て合計すると**

月数万円になる厄介な出費です。

数年前に雑誌の仕事で、読者の家計診断をしたときのこと。誌面に登場するのは4組なのに編集部からは「深田さん、この中から診断する家計を選んでください」と40組以上のデータが送られてきました。

膨大なデータを分析するのは時間のかかる作業でしたが、やってみてよかったのは、「貯まる家計」と「ダメダメ家計」に幾つかの法則が見えたことです。

幾つかの「法則」の中で、「通信費」は特筆ものでした。**「ダメダメ家計」は、通信費が月5万円以上（！）**の家庭ばかりなのです。

最も貯蓄が少なく、通信費が多かった世帯の内訳はこんな感じでした。

- ほぼ使っていない固定電話の料金（3000円）
- 家族4人で携帯電話6台（親がガラケーとスマホの2台持ち、2人の子どもがスマホを1台ずつ、合計4万円）
- インターネットのプロバイダー料金（6000円）
- 「WOWOW」「スカパー！」など有料テレビの視聴料（8000円）
- タブレットの通信料（4000円）

全て合わせると**月6万1000円。1年間だと73万2000円の出費！** 通信費に年70万円超とは、FPに言わせると**無駄遣いの極み**です。

編集部を通じて読者に聞いてみたところ、**通信費がこれほど多額である自覚は全くなかった**そうです。支払い方法は、銀行口座引き落とし、クレジットカード払いが混在していますし、夫が払うものもあれば、妻が払うものもあります。

つまり、出口は複数。これでは毎月いくらかかっているか把握しきれません。

そこで私が「通信費」とカテゴライズしたものを集計し、月6万1000円という合計額が分かったのです。

1つずつの出費は、全て1万円に満たないため、夫婦は「これを見直したところで、貯蓄できるようにはならない」と考えていたようです。

支出削減の効果を掛け算で「見える化」

私はコンサルティングやセミナーでいつも、**「1項目、数千円の出費をあなどってはいけません」**と話します。

毎月の支出で、「1つ見直せば月2万円の支出減」というものはほとんどありません。月数万円の支出削減を実現したいなら、**数千円の無駄を見直し、それを積み重ねなくてはなりません**。その代表的なものが通信費であり、保険料です。

毎月の支出を見直す際のコツがあります。

それは**「掛け算で考えること」**。先のダメダメ家計の通信費の例では「1カ月6万1000円、1年だと73万2000円」と「年間」で考えました。さらに「このまま10年続けると、700万円超!」と掛け算を続けると、その金額にゾッとしますよね。無駄出費を続けるデメリットを数字で見える化することで、「今すぐやらなくては!」という危機感を持つことができるのです。

その上で、この夫婦には、**「使っていないサービスは思い切って解約」**と**「プランを見直して少しずつ支出カット」**を組み合わせ、109ページの図表2-9のような見直しを提案しました。

通常のスマートフォン(スマホ)だと端末分割払いの分を含めると8000円前後かかるのを、格安SIMを使った「格安スマホ」に乗り換えて、月額料金の半減を図りました。仕事上、格安スマホだと困るという人は、普通のスマホのままオプションを外したり、データ通信プランを見直したりするなどして、少しでも支出削減を試みましょう。

子どもは格安スマホで十分だと思います。

格安スマホの難点は、電話をよく使う人には割高になること。しかし、子どもが電話する相手のほとんどは「ＬＩＮＥ」などでつながっている人で、その場合、通常の電話回線ではなく、無料通話アプリを活用しているので、子どもにとって格安スマホの使用は大きなデメリットはありません。

動画を見るのに格安スマホのデータ制限が不便と子どもから不満が出たら、動画は自宅や無料Ｗｉ－Ｆｉが飛んでいる所で見るようにと言っていいでしょう。そもそも、収入のない子どもの電話料金が８０００円というのが多額の出費なのです。

見直し後の通信費は月２万２５００円まで下がりました。**見直し前との差額は3万8500円！** この分を老後資金の積み立てに回せば、**1年で約46万円貯蓄するこ**

図表2-9 通信費は見直し効果が大きい

◆月6万1000円支出していた4人家族の見直し例

項目		現状	見直し後
固定電話		3000円	解約 ゼロに
携帯電話	(本人)スマホとガラケー	8000円＋4000円	格安スマホにし3500円 ガラケーは解約 ゼロに
	(配偶者)スマホとガラケー	8000円＋4000円	格安スマホにし3500円 ガラケーは解約 ゼロに
	(子ども)スマホ	8000円	格安スマホにし3500円
	(子ども)スマホ	8000円	格安スマホにし3500円
インターネットプロバイダー		6000円	継続 6000円
有料テレビ2社		8000円	1社に絞り 2500円
タブレットの通信料		4000円	Wi-Fi使用にして通信解約 ゼロに
月の合計額		6万1000円	➡ 2万2500円

月3万8500円の削減！

とができます。10年では460万円にもなるのです。

ここまで通信費が膨らんでいる例はそう多くないとは思いますが、無意識のうちに膨らみがちな通信費は支出の見直し効果大です。

「掛け算で考えるとお金が貯まる法則」、ぜひ皆さんも取り入れてみてください。

この章のまとめ

◆ 支出を見直すなら、日々の努力要らずで効果がずっと続く「固定費」から

◆ 知らず知らずのうちに毎月高額を支払っている保険料と通信費は見直しの効果が特に高い

◆ 支出減の効果は、「1年続くと」「10年なら…」と掛け算で考えるとモチベーションアップ!

第3章

効果絶大！退職金の手取りを最大化するテク

退職金の一番お得な受け取り方を知っておこう

定年前後は「知らなきゃ損」なことだらけ

第3章からは、「50代から始める老後資金づくりにおいてやるべきこと」の3つ目、「必要なお金の知識を身に付け、『お得を逃さない戦略』を立てる」について考えていきます。

何度か指摘したように、お金の知識は「知らなきゃ損」なことがたくさんあります。定年前後のお金のことは特にそう。**「知らなきゃ損」のオンパレード**です。だからこそ、50代のうちから必要な知識を身に付けておくことが大切。老後不安の軽減に役立つだけでなく、いざ定年を迎えたときにあわてることなくベストな選択をできるようになるからです。

この章では**「退職金」**を切り口に、**「お得な受け取り方法」**と**「定年以降も続く住宅ローンは繰り上げ返済をすべきか、退職金で一括返済すべきか」**について見ていきます。

「一時金」と「年金受け取り」、どちらがお得？

まず、**退職金の受け取り方法**から。

会社員の退職金の受け取り方法は、「一時金のみ」「全て年金（会社が決めた期間と利率で運用したものを分割で受け取る方法）」「一時金と年金の組み合わせ」など幾つかのパターンがあり、受け取り方法の自由度は勤務先によって異なります。

「一時金受け取りのみ」などと決まっているなら、従うだけでいいのですが、会社から「組み合わせを自分で決めていい」と言われたら、皆さんならどうしますか？

「年金受け取り」では、会社もしくは企業年金が退職金原資を引き続き運用してくれるため、受取総額は運用益分、「一時金」よりも多くなるのが一般的。年金の運用利率は企業によって異なりますが、最近は1～2％が主流です。

運用利率を知ると「年金受け取りの方が得だ」と思うことでしょう。一時金で受け取って銀行に預けたとしても、マイナス金利政策の状況下では1％の金利すら得られません。ですから、「年金受け取り」を選択する人が多数なのが現状です。

ところが、**退職金を額面ではなく実際の「手取り額」で比較すると結果が逆転し、「一時金受け取り」が有利になるケースがほとんど**なのです。実際に例を見ていきましょう。

60歳で定年退職し、退職金2000万円を受け取ったのち、60代前半は年収350万円で働き、65歳から公的年金を年220万円受け取るとした場合、退職金は「一時金」と「年金受け取り」のどちらが得かを試算したのが図表3-1です。退職金と給与、公的年

図表3-1 「一時金」と「年金」どっちが得？

◆退職金を一時金で受け取った場合と10年分割した場合の比較

試算条件

- ◆60歳で退職金2000万円の受取方法を「一時金」と「年金」から選択
- ◆年金を選択した場合の運用利率は2%、10年分割の年金として受け取る
- ◆60代前半は年収350万円で働き、65歳からの公的年金収入は220万円
- ◆扶養家族は妻、東京23区在住、勤続年数38年、60歳前半の健康保険は協会けんぽ加入とする
- ◆10年間の給与も含めた総収入と、それの手取り計算を試算

60歳で退職してから10年間の総収入の比較

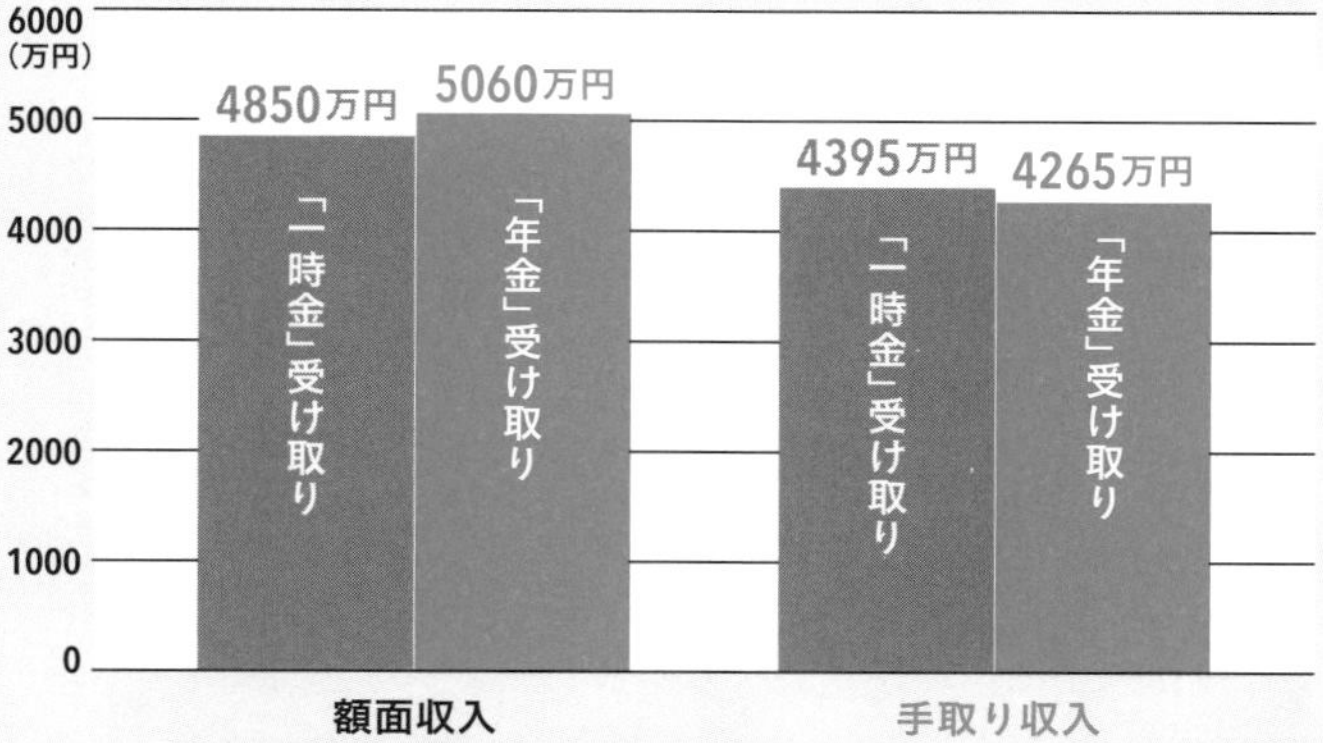

額面収入では、2%で運用される「年金受け取り」が210万円多い

「手取り」で見ると、結果は逆転。**一時金受け取りの方が130万円も多くなる！**

試算およびグラフ作成／深田晶恵

金を含めた10年間の総収入を比較しています。

額面で見ると、退職金を年金受け取りした方が一時金受け取りより210万円多くなりますが、手取りで見ると一時金受け取りの方が多くなることが分かります。年金受け取りの場合、年金が2%で運用されるにもかかわらず、**手取りで見ると一時金受け取りの方が130万円も多くなる**のです。

税金と社会保険料が手取りを減らす

この試算は、退職金2000万円を全て「一時金」として受け取る場合と、2%で運用される「年金」として分割で10年間受け取った場合の比較です。

「年金受け取り」は運用益分増えるのに、なぜ「一時金受け取り」の方が有利になるのでしょうか。

カラクリは、**税金と社会保険料。年金収入が多いと、それだけ引かれる額が多くなり**

図表3-2 収入が増えると税金等の負担も増す

ケース1　2000万円を全額一時金受け取りした場合

収入		60歳定年時	60～64歳	65～69歳	比較ポイント
額面	退職一時金	2000万円			退職一時金＋給与＋公的年金の総合計
	給与		350万円		
	公的年金			220万円	
額面年収合計		2000万円	350万円	220万円	額面総合計：4850万円
税金・社会保険料		0	▲68万円	▲23万円	
手取り年収		2000万円	282万円	197万円	手取り総合計：4395万円

ケース2　2000万円を全額年金受け取りした場合（60歳から10年確定年金、運用率2％）

収入		60歳定年時	60～64歳	65～69歳	比較ポイント
額面	給与		350万円		給与＋公的年金＋退職年金の総合計
	公的年金			220万円	
	退職年金		221万円	221万円	
額面年収合計			571万円	441万円	額面総合計：5060万円
税金・社会保険料			▲89万円	▲70万円	
手取り年収			482万円	371万円	手取り総合計：4265万円

【試算条件】扶養家族は妻、東京23区在住、勤続年数38年、60代前半の健康保険は協会けんぽとする。▲はマイナス
（試算／深田晶恵）

手取りを目減りさせるからです。

119ページの図表3-2は、先ほどの試算の内訳です。

退職金を年金受け取りすると、給与や公的年金などその他の収入と合わせて課税されるため、60歳から69歳まで、その年ごとの収入合計で手取り計算をしています。

退職金の税金計算はお得な仕組み

勤続38年で60歳定年時に退職金2000万円を全て一時金にすると、何も引かれず手取りは2000万円です。

退職金を一時金で受け取ると、勤続年数に応じて一定の**「退職所得控除額」**という**非課税の枠があり、勤続38年だと退職所得控除は2060万円になるため、所得税・住民税はかからず、額面=手取り**となります。

退職金を一時金受け取りする場合の税金は、会社員にとって有利な計算方法が採られます。あとで詳しく解説しますが、ここでは**「退職金、一時金だと税金少ない」**というキーワードを覚えておいてください。

一方、運用利率2％の「10年分割の退職年金」を選択すると、1年当たりの年金額は約221万円。10年間の受取総額は約2210万円ですから、見た目は「一時金」よりも「年金」のほうがお得に思えますね。

しかし、退職金の「年金受け取り」（図表3－2では「退職年金」と表記）は雑所得として給与や公的年金と合算されるため、所得税・住民税はもちろんのこと、65歳以降に払う国民健康保険料や介護保険料もアップするので、必ずしも「年金受け取り」が得とも言い切れません。

もう一度、図表3－2の「税金・社会保険料」の合計額の欄に着目してください。

再雇用で働く60代前半の税金・社会保険料は、「一時金受け取り」だと年68万円ですが、「年金受け取り」は約1・3倍の年89万円にアップします。

年金生活がスタートする60代後半になると、「一時金受け取り」は年23万円ですが、「年金受け取り」にすると、年70万円と3倍に増えます。60代前半よりも負担が大きく増える要因は、**リタイアすると自治体の国民健康保険と介護保険に加入するから**です。

高齢化が進む中、この2つの保険料は決して安いものではなく、年金収入が増えると予想以上に負担が増えることを覚えておきましょう。

預金金利よりはるかに高い2％の運用利率であったとしても、年金受け取りすることで増える税金と社会保険料の負担は、運用益ではカバーできていないことが分かります。

退職金は「一時金受け取り」がお勧め

条件を変えると試算結果も変わるのでしょうか。他のパターンでも検証してみました

（退職金の額は全て2000万円、その他の条件は117ページのケースと同じ）。まず、受取期間「10年比較」です。

◆全額一時金
◆全額年金（10年確定年金）
◆一時金と年金の半々プラン

3つのケースのうち、最も手取りが多くなるのは「全額一時金」でした。

受取期間を長くして「15年比較」で3つの試算をしましたが、やはり「全額一時金」が最も有利という結果です。

最後に運用利回りを3％と高めにしてみました。

◆全額一時金
◆全額3％運用で年金受取期間15年

初めて結果は逆転し、「年金受け取り」が多少有利となりました。

しかし、退職金を年金として15年間受け取っている間に、国民健康保険料と介護保険料がアップする可能性は大。保険料負担が増えると年金の手取り額が減って、結果的には一時金受け取りの方が有利だった……ということになりかねません。

受取方法の有利・不利は、年金の運用利率、年金額、お住まいの自治体の国保・介護保険料率などによってケース・バイ・ケースですが、傾向として、1年当たりの年金額が多くなるほど税金と社会保険料、とりわけ社会保険料の負担が重くなり、多くは「一時金」の方が有利になります。この点は覚えておきたいことです。

特に国民健康保険料と介護保険料は、多くの自治体で毎年のように引き上げられています。将来的にも保険料アップは避けられないでしょう。こうした事情を考慮すると、私のお勧めは「一時金受け取り」です。

「年金受け取り」を選択するとしたら、「全額年金」は避け、「一時金」と組み合わせましょう。さらに、**年金の受取期間を長くすると1年当たりの年金額が少なくなり、税金と社会保険料の負担は少なくて済みます。**

「一時金」の最大のリスクは、無駄遣いでお金を減らすこと

退職金の受け取り方法は、3％など高い運用利率でない限り、「年金」よりも「一時金」の方が有利だと述べました。

しかし、注意点もあります。退職金の受取方法を自分で選ぶことができない会社にお勤めの人もいるので、「一時金」と「年金受け取り」、それぞれの受取方法の注意点を見てみましょう。

「一時金受け取り」で気を付けたいのは**「無駄遣い」**です。

これまで手にしたことのないまとまった金額のため、**受け取って数年以内に多額の出費をし、老後資金を大きく減らしてしまう人が少なくありません。**気持ちが大きくなってしまうのですね。

定年後の海外旅行や子どもの結婚・住宅購入資金援助などは、自分たちの老後の生活に影響のない程度に抑えるようにしましょう。

長い老後生活の途中でお金が足りなくならないよう、**退職後の収支予測を立てること**が肝心です。その上でその年に使わないお金は、定期預金や日常的に使わない口座に入れるなど、生活費で何となく使ってしまわないように工夫してください。

退職金運用病にも注意！

多額のお金を手にすると、「退職金運用病」にかかってしまう人が本当に多いです。

図表3-3 一時金受け取りの注意点

◆「無駄遣い」と「運用病」に気を付けよう

一時金受け取り

注意点1
まとまった金額を手にすると、60代のうちに無駄遣いをしてしまう傾向がある

注意点2
資産運用で増やさなくてはと焦り、薦められるままに投資商品を買ってしまう

「何か増えるものに預けないと、せっかくのお金がもったいない。リスクが小さく、そこそこ増える商品で運用したい」と考え、自ら金融機関に出向き、薦められるままに提案商品を購入してしまいます。

しかし、**マイナス金利政策の状況下で安全確実に増える金融商品など存在しません。**

定年後に資産運用を始めるなら、入門書を1～2冊読み、**少額の資金で「練習」する期間を設ける**ようにしま

しょう。薦められた商品をそのまま購入するのは、絶対やめましょう。

「年金受け取り」は支出が膨らまないよう気を付ける

企業によっては、受け取り方法について社員に選択権はなく、退職金の一部は自動的に「企業年金」として支給と決まっているところもあります。ここからは、年金受け取りのメリットと注意点も見ておきましょう。

「年金受け取り」のメリットは、何といっても**「定期的な安定収入」**でしょう。公的年金に加え勤務先からの年金もあれば、比較的ゆとりのある年金生活を送ることができるはず。しかし生きている間ずっと受け取れる終身年金でない限り、年金の受取期間はいずれ終了します(終身タイプの会社はごくわずかです)。

公的年金+企業年金の収入のある「ゆとり期間」のとき、支出が膨らんでいる家計をよ

図表3-4 年金受け取りの注意点

◆支出が膨らまないよう気を付けよう

年金受け取り

注意点1
年金受け取りの期間が終わると収入がダウンするが、それにあわせて支出をダウンサイズできないと老後資金がどんどん減る

注意点2
所得が多くなり、医療や介護の自己負担が重くなる場合がある

く目にします。企業年金の受給が70歳ないしは75歳で終わり、その後公的年金だけになったとき、**収入ダウンにあわせ支出を見直すことができず、何年も大幅な赤字のまま、**という人がいます。

赤字を補填するために老後資金をどんどん取り崩し、70代半ばで貯蓄がほぼ底を突くといったケースは、実は大企業の退職者に少なくありません。

これまで何度も指摘したように、**60歳、65歳での「収入ダウンの崖」とい**

う節目で、支出を大幅に減らす家計改革の実行は必要不可欠です。企業年金があって収入が多いと、「崖」が浅く感じられ、早い段階で自ら「年金生活スイッチ」を押すことができなかったのでしょう。

さらに、「年金受け取り」をすると所得が多くなるため、金額によっては**「現役並み所得者」として、医療費や介護保険の利用料の自己負担額などが増える可能性がある**ことも知っておきましょう。

退職金の税金について知る

退職金の一時金受け取りが有利になる理由は、税金の計算方法にあります。

有利になるポイントは次の3つです。

❶「退職所得控除額」という非課税枠まで税金がかからない
❷非課税枠を超えても税金がかかるのは「半分だけ」
❸給与や年金などその年に他の所得があったとしても退職金だけで計算する仕組み（分離課税）のため

税金の計算方法は、所得などにより様々な種類がありますが、中でも退職所得の計算式は納税者にとってメリット大のありがたいものなのです。この機会に覚えておいてくださいね。

退職所得控除額は、勤続年数で決まります。退職一時金にかかる税金を具体的にイメージするために、次ページで計算式と早見表、ケーススタディーを紹介しましょう。

図表3-5 退職所得控除額の算出法

退職所得 ＝（退職金の額 － 退職所得控除額）× 1/2

退職金は「分離課税」といって、他の所得と合算せずにそれだけで税金の計算をします

退職金の額

退職所得控除額（非課税枠）	退職所得控除分を差し引いた金額から2分の1相当額をさらに引く	退職所得

ここに税率を掛けて、税金を計算する

◆退職所得控除額の算出法

勤続年数（1年未満は切り上げ）	退職所得控除額
20年以下	40万円×勤続年数（80万円に満たない場合は80万円）
20年超	800万円＋70万円×（勤続年数－20年）

◆退職所得控除額早見表

勤続年数	10年	15年	20年	25年
退職所得控除額	400万円	600万円	800万円	1150万円

勤続年数	30年	35年	38年	40年
退職所得控除額	1500万円	1850万円	2060万円	2200万円

図表3-6 退職一時金にかかる税金は？

◆所得税と住民税を計算する

所得税＝退職所得×所得税率－下記速算表の「控除額」
住民税＝退職所得×10％（住民税は一律10％）

注：この他に復興特別所得税が所得税の2.1％かかる

◆退職所得控除額の速算表

課税総所得金額	税率	控除額
195 万円以下	5%	―
195 万円超 330 万円以下	10%	9 万 7500 円
330 万円超 695 万円以下	20%	42 万 7500 円
695 万円超 900 万円以下	23%	63 万 6000 円
900 万円超 1800 万円以下	33%	153 万 6000 円
1800 万円超 4000 万円以下	40%	279 万 6000 円
4000 万円超	45%	479 万 6000 円

ケーススタディー　退職一時金2300万円、勤続年数35年の場合

退職所得：（退職金2300万円－退職所得控除額1850万円）× 1/2
＝225万円

所得税：退職所得225万円×税率10％－速算表の控除額9万7500円
＝12万7500円

住民税：退職所得225万円×税率10％＝22万5000円

所得税＋住民税＝35万2500円

退職収入2300万円に対する手取り：2264万7500円

注：復興特別所得税は考慮せず

例えば、22歳で大学卒業後、60歳まで38年間勤めると、退職所得控除額は２０６０万円。この金額まで税金はかかりませんから、退職金が２０００万円ならイコール手取りになります。

退職金が２５００万円だとすると、退職所得控除額２０６０万円を引き、残りの半分だけが課税。４４０万円の2分の1、２２０万円に所得税と住民税がかかります。

さらに**「分離課税」**ですから、**退職の年の給与収入が多くても、合わせて課税されるわけではない**ので安心です。健康保険料などが高くなる心配もありません。

転職などにより勤続年数の短いケースも見てみましょう。

40歳で転職し、60歳時に退職金を１０００万円受け取る場合、退職所得控除は勤続年数20年で８００万円です。１０００万円－８００万円＝２００万円の2分の1である１００万円が退職所得として税金がかかります。

勤続年数が短く、非課税枠を超えた退職金を受け取ったとしても、「2分の1課税」「分離課税」のルールのおかげで多額の税金がかかるわけではないことを知っておきましょう。

一方、年金受け取りの退職金は「雑所得」という分類になり、その年の他の収入（給与、公的年金、民間の個人年金など）と合わせて税金の計算がされます。雑所得が多いと所得税率は高くなりますし、リタイア後の社会保険料にも大きく影響をします。

定年後も続く住宅ローンは、退職金で一括返済すべき？

次に、**退職金と住宅ローン返済**について考えます。

定年以降は「収入ダウンの崖」が2回ありますから、**60歳までに住宅ローンの返済を終えるのが理想です。**

もともと60歳までに完済するローンを組んでいた、または、以前からこまめに繰り上げ返済をしていたので60歳までに終わりそうという人は「問題なし」ですから、第4章に進んでください。

この項目をしっかり読んでほしいのは、**60歳以降も返済が続くローンを持っている人**です。マイホームを購入したとき、「定年までに終わらないローンだけど、退職金で一括返済すれば大丈夫」と考え、長期間の住宅ローンを組むケースは少なくありません（多くの会社員や公務員が該当します）。

しかし、実際に定年が近くなってくると、**退職金で住宅ローンを一括返済すると、老後資金が心許ないものになる**ことに気が付きます。

そこで、60歳以降も返済が続くローンを持つ人の見直し方法を紹介します。

対策として多くの人の頭に浮かぶのが**「繰り上げ返済」**でしょう。50代のうちからこまめな繰り上げで返済期間を短くしつつ、残りは退職金で一括返済すれば何とかなるはず、と考えているかもしれませんが、子どもがまだ独立していない50代の人にはお薦めできないプランです。

序章で述べたように、子どもの大学進学費用は「インフレ傾向」にあり、予想以上に重い支出となると覚悟しなくてはなりません。かつて自分にかかった大学進学費用よりも格段に高くなっていることを入学が決まってから知る人が大多数です。

そのため子どもの教育費の資金繰りがつかず、教育ローンを借りることになると、老後の負担はさらに増します。子どもの進学を控えているなら、**今ある貯蓄は、無計画に繰り上げ返済に回すよりも教育費のために取っておくのが安心**です。

60歳まで繰り上げ返済しない

こまめな繰り上げ返済が駄目なら、「退職金で一括返済」はどうでしょうか。

退職金は年金収入を補完するための大切な老後資金となるため、「退職金頼みのローン一括返済」もリスクが高いプランです。

私が50代の人にお薦めするプランは次のようなものです。

50代のうちは繰り上げ返済を実行せずにその分を貯めておく。60歳を迎えると、退職金の額と60代前半の収入が具体的に分かるので、その時点でプランを立て、見直しをします。

残りのローンを一括返済しても老後資金を確保できそうなら、定年をきっかけに完済しましょう。60歳が近づいたら、第2章で紹介した「簡易キャッシュフロー表」を使って、「60歳で残り全額を返しても大丈夫か」を試算してみてください。

一括返済してしまうと老後資金が心許ない金額になってしまうという人には、状況に応じて次の2つの見直しプランを提案します。

例えば、毎月10万円の返済が70歳まで続くケースで、金利を1・5%とすると60歳時

図表3-7 定年後も続く住宅ローン、どう返す？

現在の住宅ローン

- ◆完済年齢70歳
- ◆返済額は月10万円
- ◆金利は1.5%
- ◆60歳時残高は1100万円

プラン① 再雇用後の60代前半の給料が大きく下がらず月10万円返済できそうなら、こちらのプラン

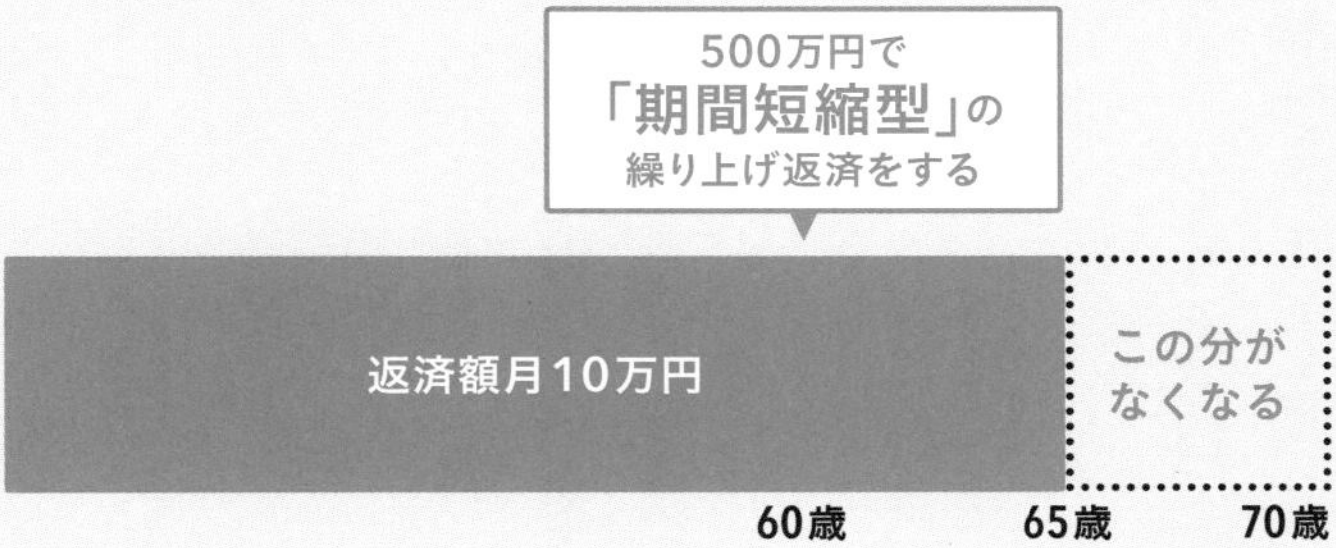

プラン② 再雇用後の給料が大きく下がり、月10万円が厳しいなら、月5万円に返済額変更。70歳まで頑張って働く！

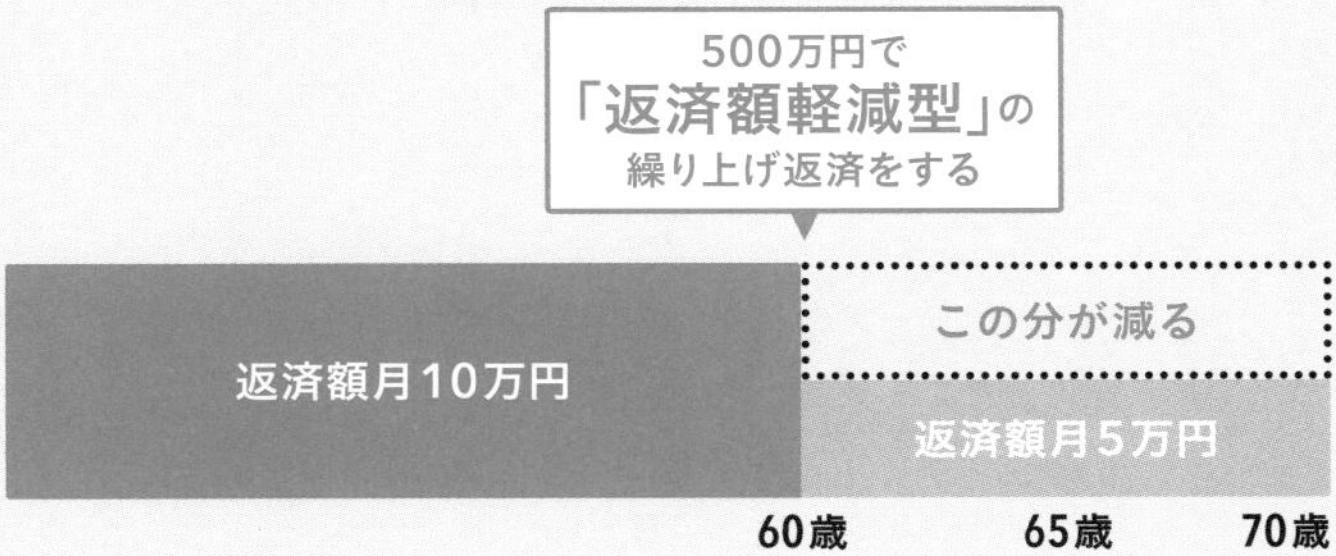

点でのローン残高は約１１００万円です。それまでの貯蓄と退職金から老後資金を差し引くと、繰り上げ返済に回せるのは５００万円程度だとします。

プラン❶

60歳以降の給与収入が考えていたよりも多く、**月10万円の住宅ローン返済を続けられそうなら、５００万円で「期間短縮型」の繰り上げ返済を実行**する。

５００万円を繰り上げ返済すると、完済年齢は70歳から65歳に早まるため、年金生活までにローンが終わる。

プラン❷

60歳以降は大幅収入ダウンで、現役時代のペースで住宅ローン返済を続けると年間収支が赤字になりそう……という場合は、**５００万円で「返済額軽減型」の繰り上げ返済をし、毎月の返済額を減らして、年間収支の赤字を防ぐ。**60歳からの返済額は、それまでの約半分、月5万円になる。

ただし、プラン②では返済期間は短くならないので、ローン返済は年金生活まで持ち越すことになります。65歳以降も働く、妻もパートなどで世帯収入アップに協力してもらうなど、プラスアルファの対策を取り、70歳まで働くか、65歳時点でもう一度繰り上げ返済する必要があります。

「団信頼み」で返済を先延ばしするのはNG

住宅ローンセミナーなどで講師を務めると、受講者から耳にするのが「団信頼み」の声。特に男性に多いように思います。

住宅ローンの団体信用生命保険は、返済中に死亡するとローンがゼロになる仕組み。「ローン返済は70歳まで続くけれど、俺は多分70歳まで生きていないから繰り上げ返済の必要はない」と根拠なく考えている人が意外にいるのです。もちろん、FPとしてはこれに賛同できません。

そもそも死亡する時期は誰にも分からないので「賭けてはいけない」ことは言うまでもありません。

60歳以降、定年前より少ない収入でローン返済を長く続けると、毎年の赤字の積み重ねで老後資金があっという間に減っていきます。仮に70歳前に亡くなって、残りの数年分のローン残高が団信でゼロになったとしても、遺された妻の老後資金はほとんどない……という状況になるかもしれません。「団信頼み」の考えは捨てましょう。

この章のまとめ

◆ 退職金には「一時金」と「年金受け取り」、両者の併用があり、受け取り方を選べる企業と選べない企業がある

◆ 額面では「年金受け取り」が有利だが、手取りだと「一時金受け取り」が得な場合が多い

◆ 定年後も続く住宅ローンの返済は老後資金とのバランスを考えて。十分な資金が貯まっていない場合、退職金での一括返済は慎重に！

第4章

自分にとって「一番お得」な年金戦略を立てる

年金を[どう受け取るか]が老後の暮らしを左右する！

年金の「お得度」は受取方法によって決まる

第4章でも引き続き、「必要なお金の知識を身に付け、『お得を逃さない戦略』を立てる」に取り組みます。

意外に知られていないのですが、**老後にもらえる年金は受取方法次第で得にも損にもなります**。この章では、皆さんが**一番お得に年金を受け取るためのコツ**を解説していきます。

一口に「年金」といってもいくつも種類があります。そこで年金を大きく3つのグループに分け、それぞれの受取期間の選択肢（有無も含めて）と、受給開始時期を変更できるかどうかをまとめました（149ページ図表4－1）。受取期間や開始時期を選べる場合、**自分にとってお得度が高いものを賢く選択したい**もの。そのためにはそれぞれの制度の仕組みを知ることが欠かせません。年金で得するためのポイントを押さえていきましょう。

公的年金は国民年金と厚生年金の「2階建て」

まず、年金の全体像を見ていきます。

年金生活の土台になるのが「公的年金（国の年金）」です。会社員・公務員は、老齢基礎年金（国民年金）と老齢厚生年金（厚生年金）の両方、国民年金加入の自営業者は老齢基礎年金のみを受給できます。

厚生年金加入者に扶養されている配偶者で年収130万円未満の人は、第3号被保険者と呼ばれ、本人が保険料を負担することなく国民年金に加入していることになります。

65歳以降は老齢基礎年金を受け取れます。

「企業年金」は、勤務先独自の年金制度。金額、受取期間などが充実している会社もあれば、制度自体を設けていない会社もあります。

退職金を年金受け取りする場合も「企業年金」の一種として考えていいでしょう。

個人が老後のために任意に加入する年金は、**「私的年金」**に分類されます。**保険会社や共済の「個人年金保険（共済）」が代表的**です。

最近話題の「iDeCo《イデコ》」（第5章で詳しく解説）は、任意で加入するものなので私的年金のグループですが、お得度を左右する税金面での分類は公的年金や企業年金と同じ分類となります。

ここからは、それぞれのグループごとに、お得になる受け取り方のポイントを見ていきましょう。

図表4-1 老後に受け取る年金を知る

◆年金の種類と特徴

年金の種類		受取期間	受給開始時期の変更はできる？
①公的年金（国の年金）	◆老齢基礎年金（国民年金） ◆老齢厚生年金（厚生年金）	原則65歳から終身	早くする（繰り上げ）、遅くする（繰り下げ）、どちらも可能
②企業年金（勤務先の年金）	◆○○企業年金 ◆企業型DC ◆退職金の分割受け取り ◆中小企業退職金共済	◆有期（10年、15年、20年など） ◆終身（勤務先による）	勤務先による
③私的年金（任意加入）	◆個人年金保険（共済） ◆財形年金貯蓄 ◆iDeCo（個人型確定拠出年金）	◆有期（10年、15年、20年など） ◆終身（契約による）	個人年金保険（共済）は、契約によるが変更できる場合が多い

公的年金「繰り下げ受給」のメリットとデメリット

老後に受け取る公的年金は、**「終身タイプ」**ですから**生きている限り受給できます**。

受給開始年齢は原則として65歳。生年月日により60代前半で厚生年金部分を受け取れる人もいますが、男性なら1961年4月2日以降、女性は1966年4月2日以降生まれの人は、年金の1階部分（老齢基礎年金）、2階部分（老齢厚生年金）ともに**受給開始は原則65歳となります**。

ただ、この「65歳」という受給開始年齢は、本人の選択で65歳より前に受け取る、または後に遅らせることも可能です。現行制度では**受給開始を60〜70歳の間で自由に決めることができます**。

ただし、受給開始タイミングを動かすことで、もらえる年金額が変わってくることに注意が必要です。**65歳より前に早める（繰り上げる）と65歳受給開始より年金額は減り、遅らせる（繰り下げる）と年金額が増える仕組み**です。

繰り上げをすると1カ月につき年金は0・5％減ります。一度繰り上げると途中で変更はできず、減額された年金を生涯受け取ることになるため、繰り上げを積極的に勧める専門家はまずいません。メリットがほとんど見受けられないからです。

一方、受給開始を遅らせる場合は、**1カ月繰り下げるごとに年金額が0・7％増え、70歳開始にすると実に42％も増える**のです。このため、「繰り下げ受給は魅力的な選択肢」と考える専門家は少なくないようです。

超低金利の状況下で年金の「増加率」は確かに魅力的。最近は、男性週刊誌が「年金は繰り下げがお得」と特集を組むほど大きな話題に。「人生100年時代」とさかんにいわれるようになった今、繰り下げ受給は長生きリスクに備える魅力的な選択肢として注目を集めています。

しかし、いいことばかりではありません。繰り下げ受給のメリットとデメリットを整理してみましょう。

繰り下げると加給年金なし、遺族年金には反映されず

まず、メリットから。言うまでもなく**「年金額が増えること」**です。

例えば65歳から受け取れる老齢厚生年金と老齢基礎年金の合計額が年２００万円だとします。５年繰り下げすると42％（０・７％×12カ月×５年）も増えるため、70歳からの年金額は年２８４万円となります。**増額分は年84万円、１カ月あたり7万円は確かに魅力的**ですね。

一方、繰り下げ受給にはデメリットや注意点もあります。ここでは特に知っておきたい3つのポイントを説明します。

❶ 手取りベースで見ると、額面ほどには増えない

年金受給を繰り下げた場合、その後何年間年金を受け取れるか、つまり何歳まで生きるかによって、受給開始を遅らせたことが「得」だったか「損」だったかが変わってきます。何歳を超えれば繰り下げをしなかったときより「得」になるかを計算する「損益分岐年齢」という考え方があります。例えば5年繰り下げ、70歳から42％増額された年金を受け取る場合、額面上の損益分岐年齢は81歳10カ月です。

しかし、税金や社会保険料を考慮した「手取りベース」で私が試算したところ、損益分岐年齢は87歳になりました（社会保険料は東京23区在住のケースで試算）。

講師を務めるセミナーで、参加者に「自分は87歳以上まで長生きしそうと思う方はいますか？」と尋ねてみると、男性で手を挙げた人はいませんでした。もちろん何歳まで生き

るかは誰にも分かりませんが、年金受給額を考える際、**「額面ベース」ではなく「手取りベース」での視点を持つ**ことは重要です。

今後、国民健康保険料や介護保険料がアップすると、損益分岐年齢はさらに上がっていくことになりますし、その可能性は高いと考えます。

死亡率などのデータから、ある年齢の人があと何年（何歳まで）生きるかという「平均余命」を算定したものがあります。これによると繰り下げ受給を検討する65歳時点での平均余命は、男性が19・57年、女性が24・43年です（厚生労働省「平成29年簡易生命表」から）。つまり、男性は84・57歳、女性は89・43歳という年齢が、繰り下げ受給を考える上での一つの材料になりそうです。

❷ 夫が死亡後に妻が受け取る「遺族厚生年金」は増えない

夫が厚生年金を繰り下げて年金額が増えたとしても、死亡後、妻が受け取る遺族厚生年金は夫65歳時の年金額を基に計算されます。**遺された妻にまでメリットは引き継げないのは知っておきたいことです。**

❸「加給年金」は繰り下げ期間中、受け取ることができない

厚生年金に20年以上加入した夫が65歳から年金を受け取る際、年下の妻がいて、妻の厚生年金加入期間が20年未満など一定要件を満たすと、夫は**「加給年金」という加算を受けることができます（妻が65歳になるまで）**。いわば年金の「家族手当」のようなものですね。ところが、**夫が厚生年金の受給を繰り下げると、この加給年金が受給できなくなってしまう**のです。

加給年金は年約39万円ですから、仮に妻が5歳下なら、5年分トータル約200万円分受け取れないことに……。決して少ない金額ではありませんよね。

図表4-2 繰り下げをするなら、「基礎年金」のみ

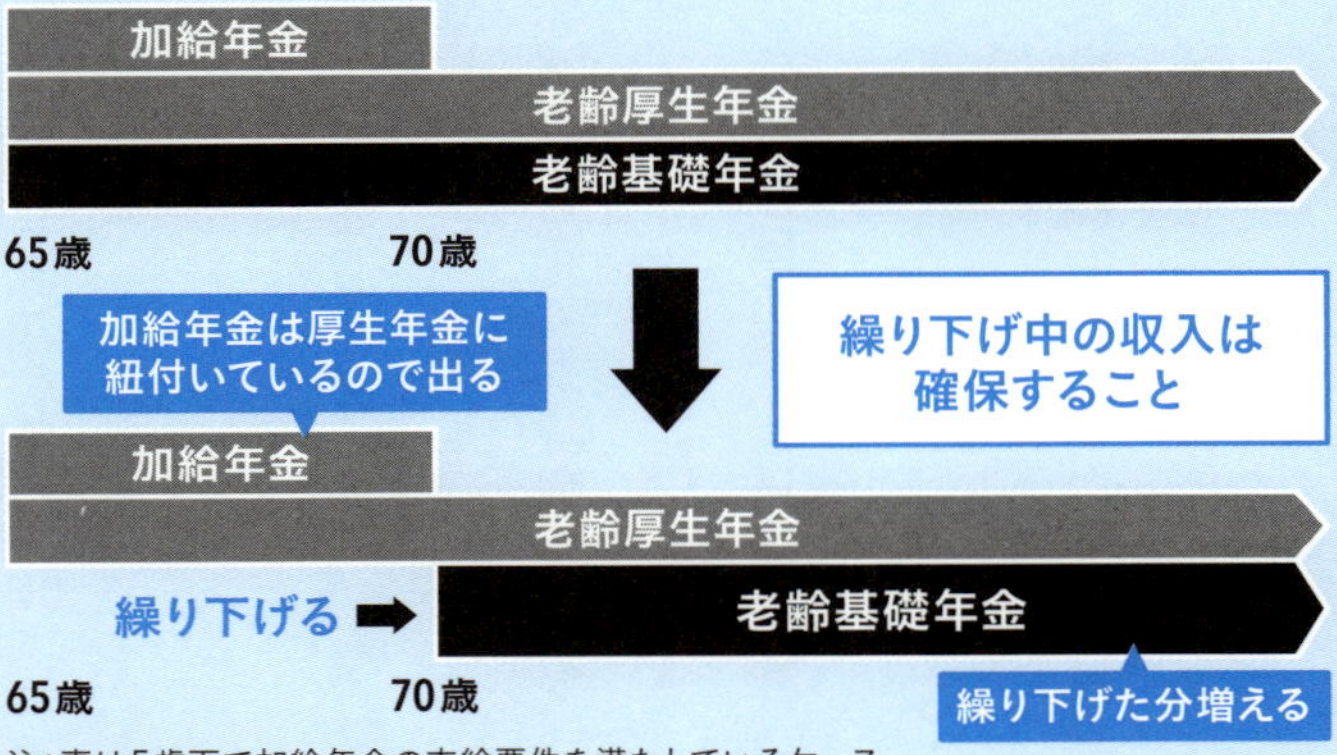

注：妻は5歳下で加給年金の支給要件を満たしているケース

以上のように繰り下げ受給にはデメリットや注意点も多いため、「魅力ばかりの選択肢」とは言い切れないと思います。

公的年金収入にも「非課税の枠（**公的年金等控除**）」があり、65歳以上は年最低120万円あります。65歳からの5年間、非課税の枠を全く使わないのはもったいないですし、繰り下げにより70歳から大きく増えた年金を受け取ると、国民健康保険料・介護保険料の負担がアップしてしまうため、全ての人に繰り下げを勧めることはしません。

基礎年金のみ繰り下げるワザ

そうは言っても年金額が増える魅力は捨て難い、でも妻が年下だから加給年金も欲しい、という人もいることでしょう。

その場合は、**「基礎年金だけ繰り下げる」**という方法があります（図表4−2）。加給年金は、厚生年金の受給が前提となっているため、厚生年金を繰り下げずに受給すると従来通り受け取ることができます。一方で、基礎年金だけ繰り下げると、基礎年金だけ増額されるという仕組みです。

厚生年金だけを65歳から受け取ると、**加給年金の問題は解決しますし、60代後半の公的年金等控除も活用できます**。まさに「おいしいところ取り」ができるプランです。

繰り下げをするなら、その間は働いて得た収入や企業年金等で暮らし、老後資金を取り崩さずに済むことが大前提です。

そもそも年金額が少ない人は繰り下げも選択肢

女性で厚生年金加入期間が短く年金額が少ない場合は、繰り下げ受給を検討するのもいいでしょう。男性よりも女性の方が長生きの傾向ですから、損益分岐年齢を超えて長生きする可能性は大いにあります。また、夫に先立たれたあと、年金収入が大きく減りますから、特に基礎年金の増額を図ることは、「おひとりさま生活」の備えになります。

65歳までに貯蓄がなかなか増えず、老後資金としては心許ない金額しかない……という人は、65歳からの年金を受け取らず、70歳で5年分まとめて受け取る選択肢もあります。その場合は、繰り下げのような増額はありませんが、仮に年金額が基礎年金と厚生年金の合計で200万円だとすると、5年分で1000万円です。

これを実行するには、65歳以降、赤字を出さずに生活できる収入を確保できることが前提です。

年金を増額するのは安心材料になりますが、老後には数年に一度の特別支出もありますので、預貯金を持っておくことも不可欠です。働けるだけ働いて「年金一括受け取り」も選択肢の一つと覚えておくといいですね。

年金制度の最新動向も押さえておきましょう。

現在は年金の受給開始を60～70歳の範囲で選べることになっていますが、政府は**この上限を75歳へ引き上げる方向で調整を進めています**。その意図は、元気な高齢者には年金をもらわずに可能な限り長く働いてほしい、ということでしょう。

年金の受け取り方の選択肢が広がる中、「我が家にとってベストな選択」をするには、自分が65歳になった時点での最新情報を集めて検討することが重要です。年金制度は目まぐるしく変わりますから、常に情報のアンテナを張っておくようにしましょう。

「ねんきん定期便」で年金額の見込みを知る

老後のマネープランを立てるには、もらえる年金額をざっくり知っておくことが不可欠。将来の自分の年金額を知るには**「ねんきん定期便」**が便利です。

誕生月に送られてくるねんきん定期便は年齢に応じて2パターンあります。

50歳未満の人向けは、その時点までの加入実績に基づいた暫定的な年金額（少なくて驚きますよ）が記載されているため、残念ながらあまり参考になりません。

50歳以上向けは、50歳時点での給料が60歳まで変わらないことを前提に年金の「見込み額」が書いてありますから、こちらだと年金生活を多少イメージできます。

図表4-3は、50歳以上向けのねんきん定期便のサンプルです。Aの部分が65歳からの老齢基礎年金（国民年金）と老齢厚生年金の見込み額です。

図表4-3 ねんきん定期便の見方

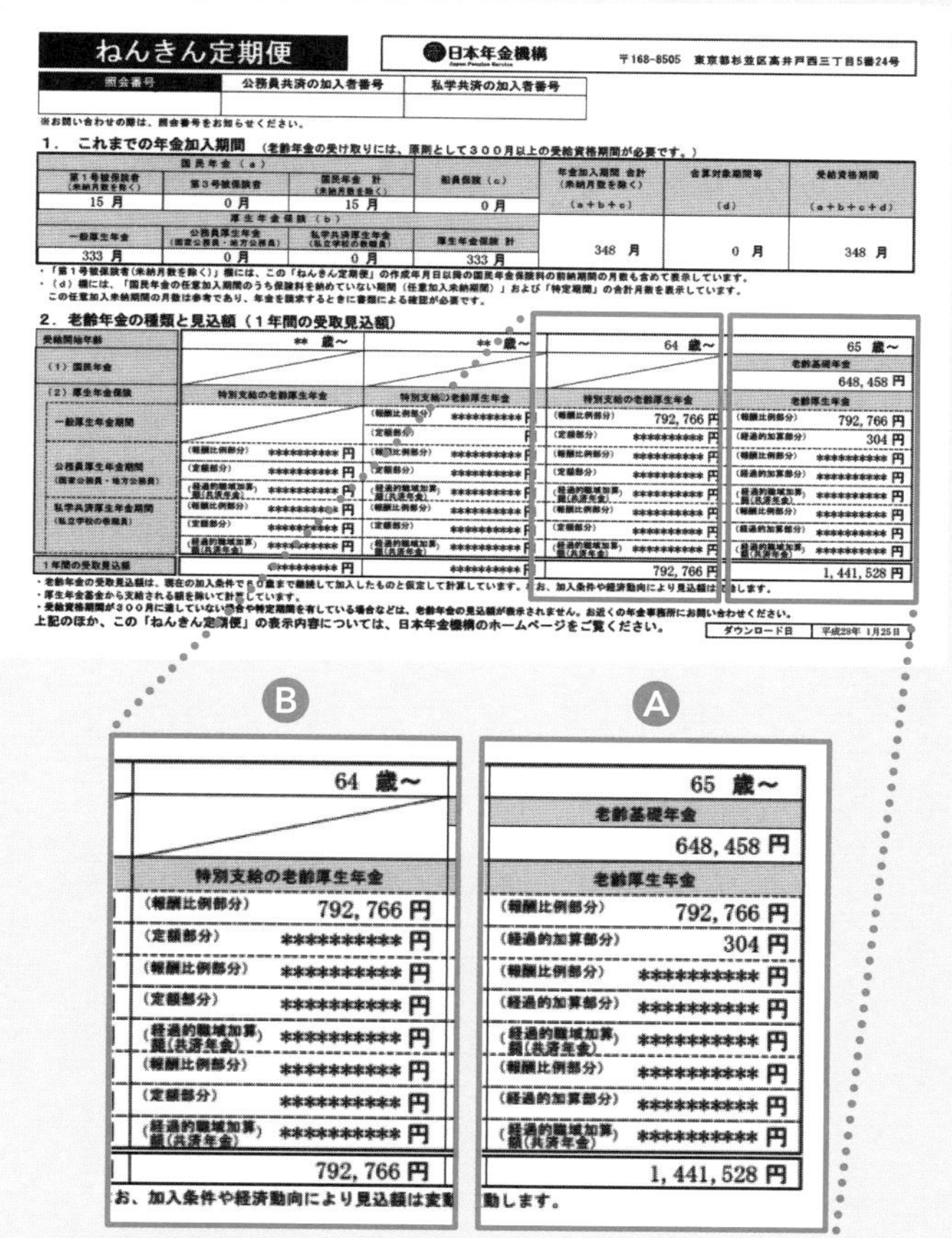

ねんきん定期便

日本年金機構 〒168-8505 東京都杉並区高井戸西三丁目5番24号

照会番号	公務員共済の加入者番号	私学共済の加入者番号

※お問い合わせの際は、照会番号をお知らせください。

1. これまでの年金加入期間（老齢年金の受け取りには、原則として３００月以上の受給資格期間が必要です。）

国民年金（a）			船員保険（c）	年金加入期間 合計（未納月数を除く）(a+b+c)	合算対象期間等 (d)	受給資格期間 (a+b+c+d)
第1号被保険者（未納月数を除く）	第3号被保険者	国民年金 計（未納月数を除く）				
15 月	0 月	15 月	0 月	348 月	0 月	348 月
厚生年金保険（b）						
一般厚生年金	公務員厚生年金（国家公務員・地方公務員）	私学共済厚生年金（私立学校の教職員）	厚生年金保険 計			
333 月	0 月	0 月	333 月			

・「第1号被保険者(未納月数を除く)」欄には、この「ねんきん定期便」の作成年月日以降の国民年金保険料の前納期間の月数も含めて表示しています。
・（d）欄には、「国民年金の任意加入期間のうち保険料を納めていない期間（任意加入未納期間）」および「特定期間」の合計月数を表示しています。
この任意加入未納期間の月数は参考であり、年金を請求するときに書類による確認が必要です。

2. 老齢年金の種類と見込額（1年間の受取見込額）

受給開始年齢	** 歳～	** 歳～	64 歳～	65 歳～
（1）国民年金				老齢基礎年金 648,458 円
（2）厚生年金保険	特別支給の老齢厚生年金	特別支給の老齢厚生年金	特別支給の老齢厚生年金	老齢厚生年金
一般厚生年金期間		（報酬比例部分）********** 円	（報酬比例部分）792,766 円	（報酬比例部分）792,766 円
		（定額部分） 円	（定額部分）********** 円	（経過的加算部分）304 円
公務員厚生年金期間（国家公務員・地方公務員）	（報酬比例部分）********** 円	（報酬比例部分）********** 円	（報酬比例部分）********** 円	（報酬比例部分）********** 円
	（定額部分）********** 円	（定額部分）********** 円	（定額部分）********** 円	（経過的加算部分）********** 円
	（経過的職域加算額(共済年金)）********** 円	（経過的職域加算額(共済年金)）********** 円	（経過的職域加算額(共済年金)）********** 円	（経過的職域加算額(共済年金)）********** 円
私学共済厚生年金期間（私立学校の教職員）	（報酬比例部分）********** 円	（報酬比例部分）********** 円	（報酬比例部分）********** 円	（報酬比例部分）********** 円
	（定額部分）********** 円	（定額部分）********** 円	（定額部分）********** 円	（経過的加算部分）********** 円
	（経過的職域加算額(共済年金)）********** 円	（経過的職域加算額(共済年金)）********** 円	（経過的職域加算額(共済年金)）********** 円	（経過的職域加算額(共済年金)）********** 円
1年間の受取見込額	********** 円	********** 円	792,766 円	1,441,528 円

・老齢年金の受取見込額は、現在の加入条件で60歳まで継続して加入したものと仮定して計算しています。なお、加入条件や経済動向により見込額は変動します。
・厚生年金基金から支給される額を除いて計算しています。
・受給資格期間が３００月に達していない場合や特定期間を有している場合などは、老齢年金の見込額が表示されません。お近くの年金事務所にお問い合わせください。
上記のほか、この「ねんきん定期便」の表示内容については、日本年金機構のホームページをご覧ください。

ダウンロード日	平成29年 1月25日

64歳に受け取る
特別支給の
老齢厚生年金の見込み額

65歳から受け取る
老齢基礎年金と老齢厚生
年金の見込み額

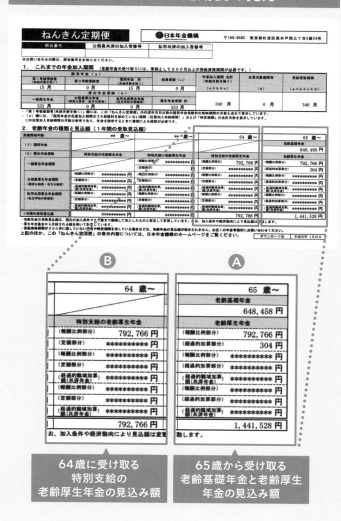

老齢基礎年金の欄に書いてある年金額と老齢厚生年金の「報酬比例部分」などの合計額が一番下の欄にあります。これが65歳以降にもらえるあなたの年金額です。えっ、これだけ？　とびっくりすることでしょう。

生年月日によっては（男性は1961年4月1日まで、女性は1966年4月1日までの生まれの人）、60代前半に「特別支給の老齢厚生年金」が受け取れます。年金額は161ページ図表4-3のBの部分に書いてあります。

60代も働いて、もらえる年金額を増やす

60歳以降も厚生年金に加入して働くと、年金額は増えます。

例えば、60歳で定年退職したのち再雇用され、給料月額25万円（ボーナスなし）で厚生年金に加入して65歳まで働き続けた場合、老齢厚生年金が年約7万7000円増えます。給料月額30万円（ボーナスなし）だと、年約9万2000円の増加です。

老齢基礎年金は給料に関係なく、40年間保険料を払って満額となります。22歳で社会人になり、20〜22歳まで国民年金に加入していなかった人は、60歳以降も厚生年金に加入することで、年金額（経過的加算部分）が増えます。満額受給の40年に満たない部分が2年だとすると、年約3万9000円（1年当たり約2万円弱が大まかな目安）の増額になります。

つまり、22歳で社会人になり初めて年金保険料を払い始めた人が、60歳から再雇用で月給25万円をもらい5年間働くと、65歳からの年金は年約11万6000円（7万7000円＋3万9000円）増えるということです。

細かい計算式は複雑になるので省略しますが、**「年金に加入しながら働き続けると、65歳からの年金額は増える」**ことを覚えておいてください。

一方で、60歳以降も厚生年金に加入して働き、かつ年金を受け取る場合、厚生年金支給額が減らされることがあります。**「在職老齢年金」**と呼ばれる制度で、60〜64歳では給料と特別支給の老齢厚生年金の合計が月28万円、65歳以上では給料と老齢厚生年金の合計が月47万円を超えると、超えた分の2分の1の額だけもらえる年金が減額されます。例えば60~64歳で月10万円の厚生年金を受給する場合、月18万円を超えた給料をもらうと、年金と給料の合計が月28万円を超えるため、年金が減らされることになります。

ただ、一定以上の収入を得て働く人の年金を減らす同制度は、高齢者の働く意欲を減退させるとの批判があります。社会保障制度改革を議論する自民党のプロジェクトチームは在職老齢年金の廃止を提言。政府は制度の廃止に向け検討を始めたとの報道もあります。

今の50代が年金を受け取り始めるときに在職老齢年金がどうなっているかは分かりませんが、同制度で一時的に年金が減らされたとしても、厚生年金に加入し働き続けることで、将来もらえる年金は増えるし、働いている間は会社の健康保険や雇用保険も使えます。60歳以降も厚生年金に加入して働くメリットは、やはり大きいと言えるでしょう。

企業年金は「少なく、長く」受け取るのがお得

次は企業年金グループのお得な受取方法のポイントを見てみます。このグループには**企業年金、企業型ＤＣ（確定拠出年金）の他、退職金や中小企業共済の分割受け取り**が入ります。

ｉＤｅＣｏは、任意で加入するものなので本来は「私的年金」なのですが、税金を計算する上では、企業年金グループとして考えます。

企業年金制度は、受取方法の選択肢がある会社と、全くない会社があります。受取期間や開始時期を選択できる会社に勤めているなら、これから紹介する「手取りが増えるルール」に基づいて選んでください。

年金収入にも税金や社会保険料（国民健康保険料・介護保険料）がかかり、額面からそれらを除いた額が年金の手取り額です。手取りをアップさせるルールを見ていきます。

ルール1 選べるなら一時金を選ぶ

企業年金の原資を一時金で受け取ることができるなら、一時金がお得です。第3章で述べましたが、一時金で受け取ったときは「退職所得」となり、税金の計算方法が年金に比べてとても有利になるからです。

ルール2 受取期間は長くする

退職一時金とは別に企業年金を設けている会社もあります。受取期間の選択肢は勤務先により異なりますが、「終身」「10年」「15年」「20年」など。**「終身」があるなら、優先的に選びます**。長生きしたときの備えになるからです。

企業年金の終身受け取りプランは、一定の保証期間が付いていますから、保証期間内に死亡した場合は、残りの期間分の年金原資を運用率で割り引いて（＝現在価値に割り戻す）、一括で遺族に支払う会社が多数です。

つまり、企業年金は受取開始後数年で亡くなったとしても、公的年金の繰り下げ受給のように「損」をするということはありません。

長生きした場合、保証期間を超えて長く受け取るほどお得になるため、長生き対策になります。

勤務先に受取期間「終身」の選択肢がなく、有期のみの場合は、**一番長い期間を選ぶのがコツ**。短い期間を選ぶと1年当たりの年金額が多くなり、国民健康保険料・介護保険料の負担が重くなるからです。

ルール❸　受給は働いている間にスタート

受給開始時期についても、選択肢がある場合・ない場合は、会社によってそれぞれです。定年後、再雇用で働きながら60歳受給スタートの選択肢があるなら、それを選ぶのがお得です。

理由は2つあり、1つ目は厚生年金に加入して働いている間に企業年金を受け取ると、

図表4-4 企業年金は在職中に受給をスタート

◆再雇用で働きながら受け取り始めた方が有利

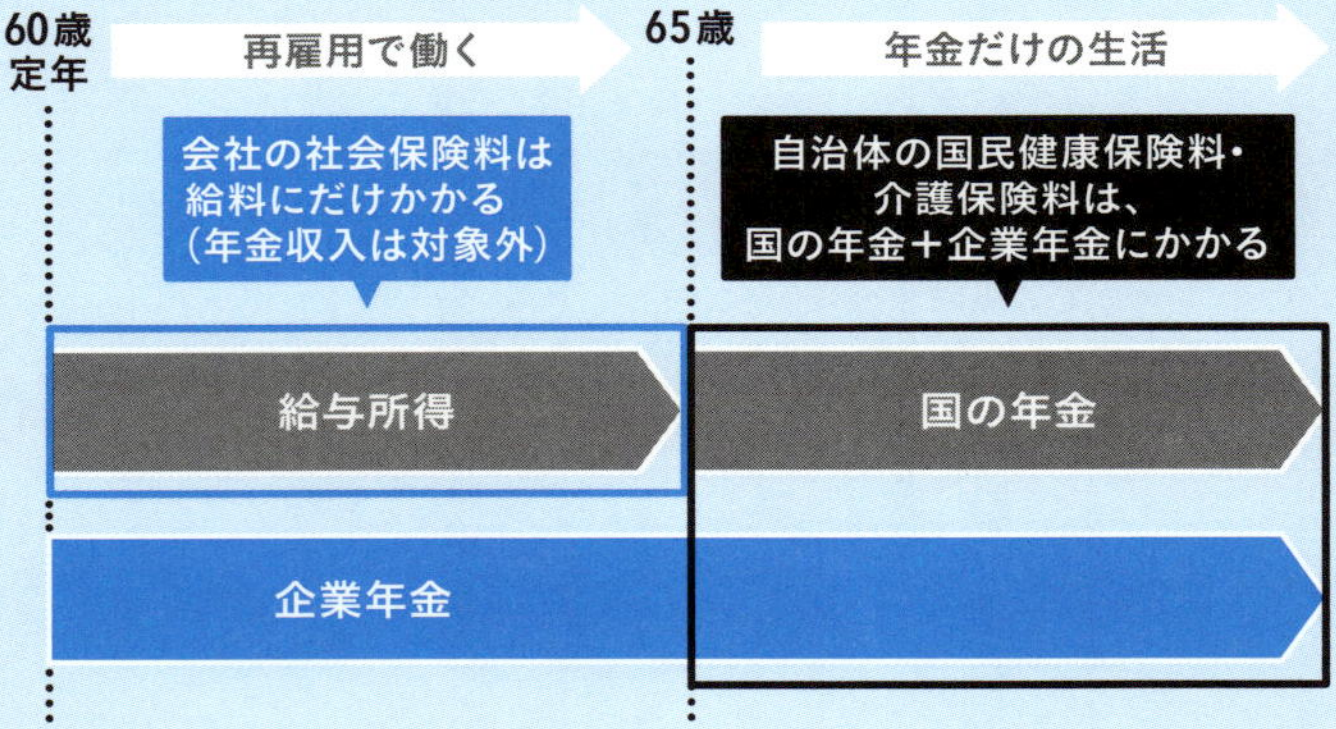

年金部分には社会保険料がかからず、手取りアップにつながるからです。「年金部分に社会保険料がかからない？　どういう意味だろう」と思う人も多いでしょう。ここはとても大事な部分なので、少し解説します。

　リタイアして年金生活に入ると、公的年金、企業年金、個人年金などの合計所得を基に自治体の国民健康保険料・介護保険料が計算されます。つまり、**年金収入が多いほど、国民健康保険料・介護保険料が高くなり、手取**

りは目減りします。

一方、60歳以降、社会保険に加入しながら働いている間に、企業年金や個人年金の収入があった場合、**会社の社会保険の健康保険料・介護保険料は給料にだけかかり、年金収入は計算の対象外となります**（図表4-4）。

60歳から受け取り始め、「非課税枠」を賢く生かす

企業年金の額が多い会社にお勤めなら、企業年金を60歳から受け取り始め、65歳、可能なら70歳まで社会保険加入の働き方を続けるのがいいでしょう。そうすると、自治体の国民健康保険料・介護保険料の負担は少なくて済みます。

その場合、給与収入でトントンの暮らしを目指し、企業年金収入は完全リタイアまで手を付けずに取っておいてくださいね。老後資金が増えます。

60歳からの受給スタートを勧める2つ目の理由は、**「非課税枠」の活用**です。企業年金の税金の計算は、公的年金と同じ扱いになります。**年金の非課税枠である「公的年金等控除」は、60代前半にもあり、最低額は70万円**です。

今50代前半の人の多くは60代前半の公的年金はありませんから、年70万円の非課税枠を使わずじまいになります。企業年金（iDeCoでも可）を60歳から受け取り始めると、60代前半の非課税枠を活用することができ、税負担を抑える効果を得られます。

ちなみに、一般的な収入の人について2020年から公的年金等控除は10万円引き下がりますが、同じ時期に税金を計算するうえでの「基礎控除」が10万円引き上がるため、非課税枠はプラスマイナスゼロです。税金の負担などは変わりません。

企業年金の受取方法は、以上の3つのルールを参考に決めてください。

「国民健康保険料・介護保険料」の負担の重さ

多くの人は「年金収入が多いと税金がかかる」と税金の心配をするのですが、年金収入はどんなに多くても給与年収1000万円超の人のような高い所得税率にはなりません。年金にかかる税金について大きな心配は不要です。

心配すべきは、**国民健康保険料と介護保険料**なのです。保険料を計算する際、所得が少ないと一定の軽減係数がかかる自治体が多いのですが、年金収入が増えると軽減措置はなくなり、ドーンと保険料負担が増します。

先日、50～60代向けのセミナーで「年金が多いと国民健康保険料・介護保険料の負担が増して手取りが減るのでご注意を」と話したところ、終了後に私の元へ駆け寄ってきた男性がいました。

男性いわく、「あなたの言う通り！　退職金を全額年金受け取りしたら、国民健康保険料・介護保険料を最高額近く払うことになってびっくり。あわてて会社に『やっぱり一括で受け取りたい』と申し出たら、今から一括受取はできないルールだと言われた（著者注／会社によります。できる会社もあり）。仕方ないから、知り合いの会社に頼んで年収150万円で社会保険に入れてもらって働くことにしたんだよ。そうしたら、自治体の国民健康保険料・介護保険料の請求はなくなったし、年収は少ないから健康保険料・介護保険料の金額はちょっぴりで済むようになった。知らないと損するね！」。

この男性のように、仕事を手配してくれる頼もしい知人がいないと、高い保険料を払い続けて手取りが目減りする事態に……。やはり、「知っておく」ことが自己防衛につながるのです。

高利率の「お宝個人年金」は、受取時の税金に注意！

3つ目のグループは**任意の貯蓄である「私的年金」**。代表的なものは、民間保険会社や共済の個人年金保険（共済）です。

個人年金を年金として受け取ると、増えた部分が課税対象となります。予定利率の良い時期に契約したいわゆる「お宝保険」であるほど、お得度が高くなります。「増えた部分」とは「年金受取総額－払込保険料の総額」で、例えば、10年確定年金なら、増えた分を10年で割って出た額が、1年当たりの雑所得となります（簡便な計算法）。個人年金と他の雑所得（公的年金や企業年金など）と給与所得と合わせて税金の計算がされます。バブル時期に契約した高い利率の「お宝個人年金」を持っている人は受取時の税金に要注意です。

現在50代なら、昭和の終わり頃から平成4～5年くらいまでの時期に契約をした個人年金を持っている人もいることでしょう。バブル時期、つまり高金利時代の個人年金は収益部分が大きく魅力的なのですが、思ったより税金や社会保険料がかかるという落とし穴があることを知っておいてください。

高金利時代に契約した個人年金だとしても、その他の収入が公的年金だけならば、所得税の税率が高くならずに済むことが多いので予定通り年金として受け取っていいです。

ところが「企業年金の額が多い」「退職金を年金受け取りする」「他にも高金利の個人年金を持っている」となると、雑所得が膨らんで所得税率がアップし、税負担が大きく増える可能性があります。

そういった場合は、**「一時金受け取り」も選択肢に入れましょう**。

個人年金は、受給開始前に「一時金（一括）」で受け取る方法もあるのです。年金受け取り中の運用益が見込めないため、年金として受け取る場合より多少減ることになりますが、税金の計算上、雑所得ではなく「一時所得」の扱いとなるため、トータルでの税負担が軽くなる可能性があります。

図表4-5にある「雑所得」と「一時所得」の計算式に注目してください。雑所得は、収益そのものが所得になるのに対し、一時所得は「50万円の特別控除」を差し引き、残りの2分の1だけが所得となります。つまり、一時所得は「税金がかからない部分」が多く、雑

図表4-5 個人年金の受け取り方と税金の関係

◆個人年金は受け取り方法で税金の種類が異なる

❶ 年金受け取り……他の所得と総合課税

雑所得＝収入（その年に受け取った個人年金）－必要経費（支払った保険料のその年分）

❷ 一時金受け取り……他の所得と総合課税

一時所得＝{（受け取った保険金の総額－支払った保険料の総額）－50万円}×1/2

◆高利率の「お宝個人年金」を一時金で受け取るなら「時期」に注意！

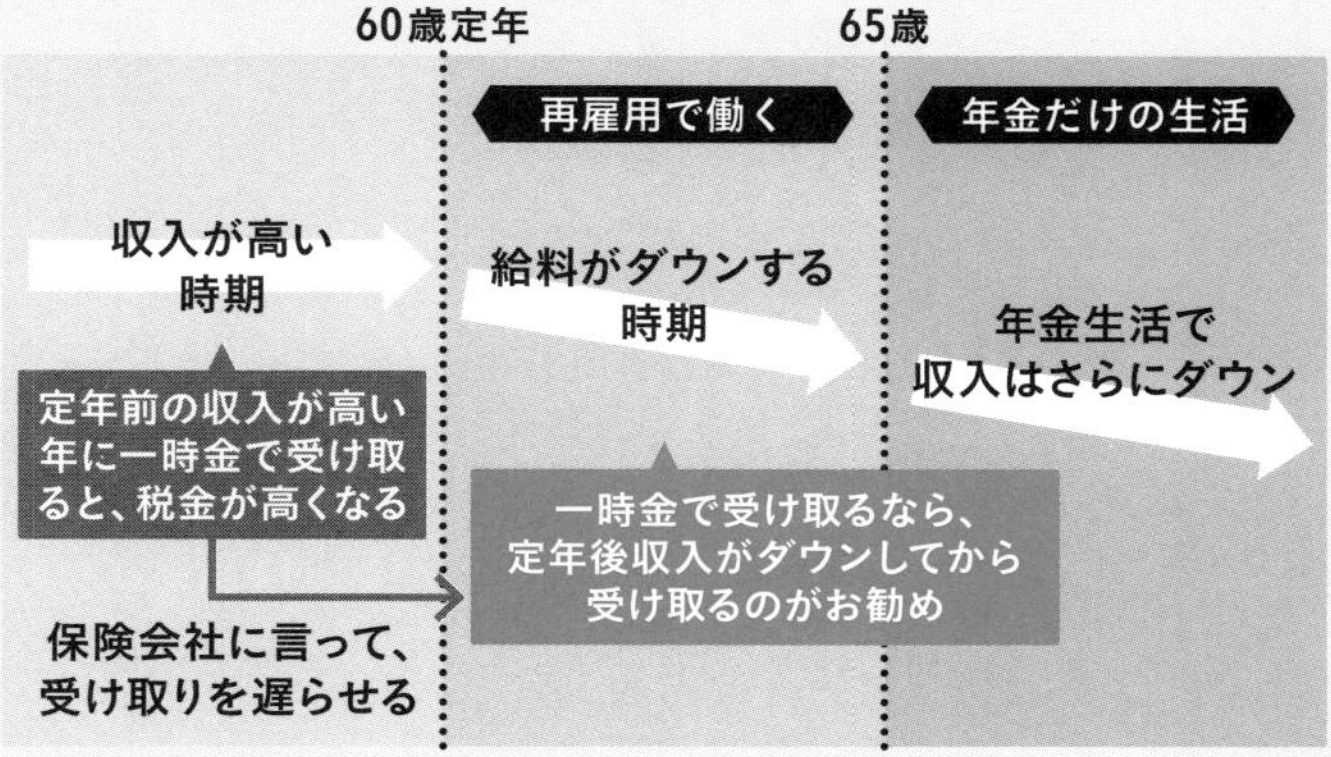

所得に比べ有利なのです。

個人年金を一時金で受け取るなら、**所得が少ない年にするのがポイント**です。定年退職前は年収がピークであることが多いので、給与所得と合わせて課税されると税金の負担が重くなります。できればその時期は避けましょう。

定年後、再雇用で働き、給料がダウンしてから受け取るのが得策。保険会社に「一時金で受け取りたいが、受取時期を数年延ばしたい」とリクエストしてみるといいでしょう。

自分にとってベストな受け取り方を考えておこう

ここまで見てきたように、年金をいつから、どのように受け取れば一番有利かは、60歳以降の働き方や勤務先の制度などによって異なります。50代のうちから自分が加入している年金の種類と仕組みを理解し、自分にとって一番お得な受け取り方を考えておくことが、賢い年金戦略の肝と言えるでしょう。

この章のまとめ

◆ 終身でもらえる公的年金は、受給開始を65歳以降に繰り下げると年金額が増えるが、デメリットもあるので注意

◆ 企業年金は一時金が選べるならそれが得。年金受け取りなら、少額ずつ細く長くもらう

◆ 個人年金を年金として受け取ると「雑所得」扱いに。額が膨らむと税負担が重くなる

第5章

今すぐ着手！老後資金を効率的に増やすワザ

50代からの資産形成は**有利な制度**を使い効率的に！

ゼロからの老後資金づくりは賢く制度を使いこなす

本書では、「50代からの老後資金づくり」を始めるのに必要なこととして、3つのやるべきことを挙げました（序章31ページ）。

1つ目の**「これからの人生で起きる『お金の変化』を知る」**については第1章で説明。定年後の「収入ダウンの崖」に備えて50代、60代前半、60代後半でそれぞれやるべきことを見てきました。

第2章では、2つ目の**「今の暮らしを見直して、『貯める力』を最大限高めておく」**を実現するため、固定費を中心とした家計見直しの進め方を紹介しました。

第3章、第4章では、自分にとって一番有利な選択をするために知っておくべき退職金と年金の仕組みについて解説。やるべきことの3つ目、**「必要なお金の知識を身に付け、『お得を逃さない戦略』を立てる」**を実行するためのノウハウをお伝えしてきました。

いよいよ最終章。この章では、さらに一歩進んで、**老後のお金を効率的に増やすために知っておきたい制度、活用したい仕組み**について詳しく説明していきます。

「パート収入の壁」を正しく理解して世帯収入を上げる

最初に、女性だけでなく男性の関心も高い**「パート収入の壁」**について見ていきましょう。**注意すべき「壁」を正しく知り、現在のみならず将来的な世帯収入に与える影響も考慮しながら妻の働き方を考える**ことが、老後のお金を効率的に増やす鍵を握ります。

今の50代夫婦の場合、妻は専業主婦かパートで働いているケースが多数です。こうした家庭は、妻も収入を得て世帯収入アップを目指しましょう。

パートで働く妻の多くが関心を寄せるのは、夫の扶養に入るかどうかの境目となる**「扶養の壁」**。ですが、実は、一口に「扶養の範囲内」とはいっても、**「税金の壁」**と**「社会保険の壁」**があります。さらに**妻自身の「税金の壁」**も存在します。

図表5−1に複数の「壁」をまとめましたが、ここで大事なのは世帯の手取り収入への影響度です。

手取りに影響が少ないなら「気にしなくていい壁」。反対に、世帯の手取り収入に影響が大きい「壁」は要注意。特に気を付けるべきは**「106万円の壁」**と**「130万円の壁」**の2つです。

「壁越え」の注意点を解説しましょう。

図表5-1 影響が大きい「パート収入の壁」は2つ

◆パート収入の壁は複数存在する

妻の収入の壁	壁を越えると、どうなる？	手取り額への影響度
100万円の壁※	妻の収入に住民税がかかり始める	ほとんど影響なし 税金は少しずつかかるため、急に手取りが激減することはない
103万円の壁	妻の収入に所得税がかかり始める	
配偶者手当の壁	夫の勤務先からの配偶者手当がストップする 妻の収入基準は夫の勤務先により異なり、100万、103万円が多数	影響あり 夫は、手当の金額分、手取りが減る（月2万円など） ただし、廃止する会社が増えている。夫の勤務先の福利厚生を確認
106万円の壁	従業員501人以上の企業で働き、一定要件を満たすパートタイマーは社会保険に加入	影響大 妻は社会保険料の負担分、手取りが減る
130万円の壁	妻は夫の社会保険の扶養（第3号）から外れる	影響大 妻は社会保険料の負担分、手取りが減る
150万円の壁	夫の配偶者控除が減り始める	夫の所得税 ➡ほとんど影響なし （配偶者特別控除が段階的に続くため激変しない） （夫の年収1120万円以下の場合）

※「100万円の壁」は住民税の所得割部分。均等割は自治体によって異なる

パートの妻が注意すべきは「社会保険の壁」

まず「扶養の範囲内」のうち、夫の手取り額に影響する「税金の壁」から見てみます。夫は配偶者控除を受けられるかどうかにより、自身の手取り額が変わります。

この壁は、長らく「妻の年収103万円以内」でしたが、法改正により2018年1月から**150万円以内に拡大**しました。さらに、**妻が年収150万円を超えて働いたとしても、段階的に控除を受けることができるため、夫の手取りは激減しません。**

パートで働く人にこの話をすると「配偶者控除を気にして、今まで100万円くらいに調整していたけれど、今年は150万円まで働きたい」という声が少なくありません。つまり、妻が150万円まで働いても夫は控除を受けることができ、夫の手取りが減ることはなくなったのです(「夫の年収が1120万円以下」のケース、それを超える年収の場合は後述します)。

しかし、ここで注意したいのは**「妻の社会保険の壁」**です。

妻はパート収入が年130万円未満なら、会社員の夫の「社会保険の扶養」に入ることができ、保険料を払わずに済みますが、それを超えると妻は夫の社会保険の扶養から抜けて、自分で年金や健康保険料を払わなくてはいけなくなります。

パート先が従業員501人以上の会社でその他の要件を満たした場合だと、年収106万円以上でその会社で社会保険に加入します。

分かりやすく整理すると**「妻の社会保険の壁」は、パート先が大企業なら「106万円」、中小企業なら「130万円」**ということです。

妻が自分で社会保険料を払うようになると、収入が増えても保険料支出の方が多くなる結果、妻の手取りが減って「損」が発生します。

「130万円の壁」の場合、妻の収入が130万円になった途端に、**手取りは129万**

円に比べ、16万円減ります。１２９万円のときの手取りが回復するのは**１５３万円まで働いたとき**。その間は「働き損」が続くということです。社会保険ではなく、国民年金・国民健康保険加入（事業主が国民年金加入の個人商店などで働いた場合）のケースは、分岐点は高く年収１７１万円でした（東京23区のケース）。

「１０６万円の壁」では、**１０６万円になったとき手取りは15万円減り**、１０５万円のときの**手取り回復は１２５万円**となります。

左ページに「１３０万円の壁」と「１０６万円の壁」の手取り収入推移のグラフ（図表５−２、５−３）を用意しました。妻が自分で社会保険料を払うようになると、手取りはガクンと減ることがグラフで見て取れます。あとどのくらい収入が増えると、「損」が帳消しになるのか、パートで働いている人が知りたいのはその収入ラインでしょう。グラフに示した**「手取り回復分岐点」**も参考にしてください。

図表5-2 注意すべきは「130万円の壁」！

◆「社会保険の壁」が130万円の場合

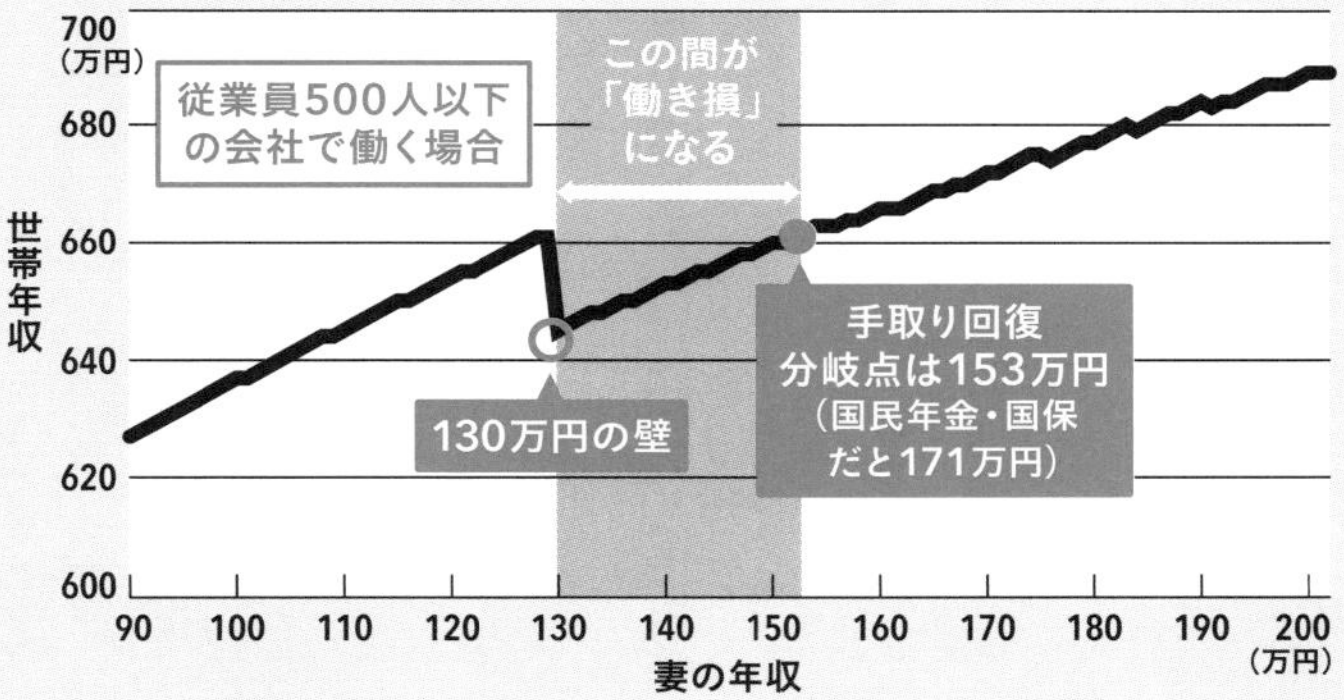

図表5-3 大企業なら「106万円の壁」に注意

◆「社会保険の壁」が106万円の場合

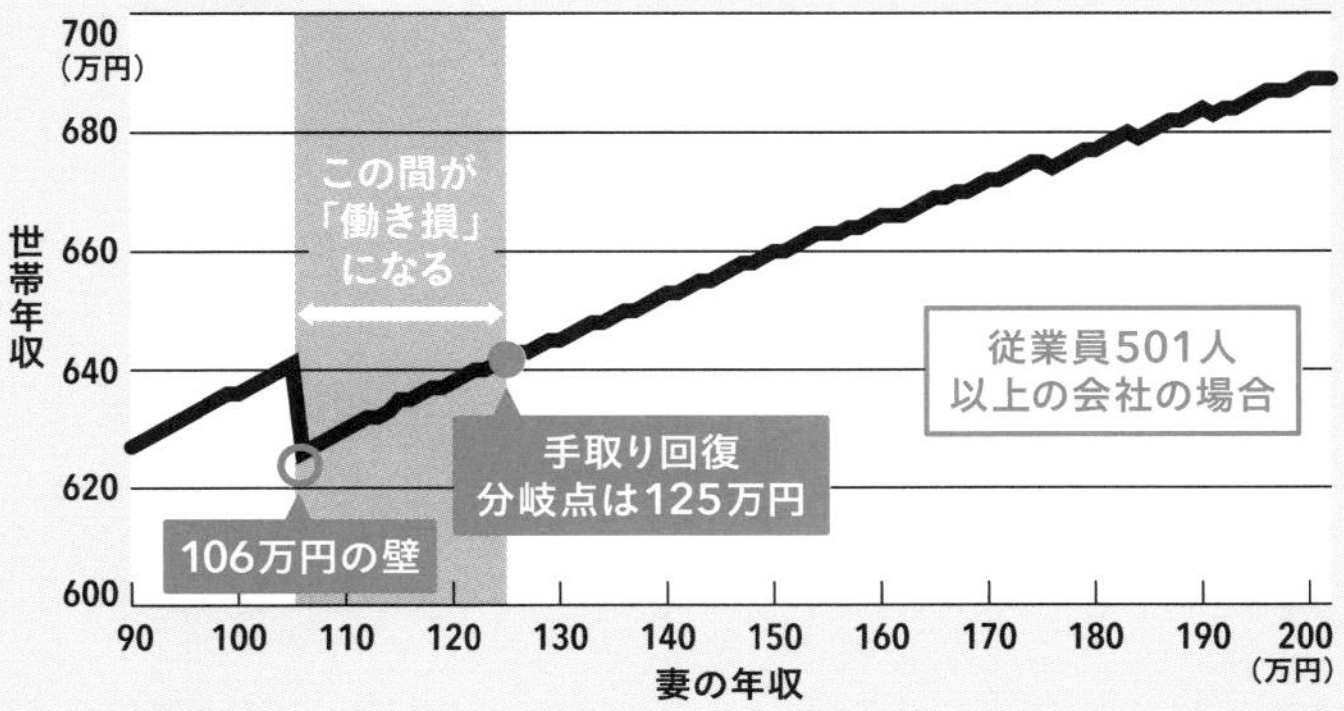

【試算条件】夫婦ともに40歳以上、子どもは中学生以下。東京23区在住で夫は額面年収700万円の会社員。生命保険料控除10万円
（試算／深田晶恵）

「社会保険の壁」を越えるメリットもある

パートの手取り収入の推移のグラフ(187ページ図表5-2、5-3)を見ると、妻は「社会保険の壁」の内側で働くのが得策と思えるかもしれませんが、壁を越えて働くメリットは収入が増えること以外にも2つあります。

一つは、**妻が厚生年金に加入して自分で保険料を払うと、将来の年金額がわずかですが増える**ことです。例えば、手取り回復分岐点を越え、社会保険に加入し年収160万円でパートを20年続けると、**将来もらえる年金額は年間約17万円増えます**。

1カ月当たりでは約1万4000円。「少ない金額だな……」と思うかもしれませんが、年金生活となってからの月1万~2万円は、家計にとってありがたいもの。しかも、公的年金は終身ですから、長生きするほど「お得」です。

もう一つのメリットは、**夫の扶養の範囲内では受けられなかった健康保険の給付を受け**

られること。病気やケガで有給休暇を使い切って給料がストップしたときに標準報酬日額の3分の2相当の「傷病手当金」を最長1年6カ月、受け取ることができます。

一気に「壁越え」を目指すためのテクニックとは

「社会保険の壁」を越えた場合、「手取り回復分岐点」まで働かないと、壁の直前の手取り収入より減ります。パート勤務の人にとってみると、働く時間は長くなるのに手取りが減るのは、受け入れ難いことでしょう。

「損」しない収入まで働きたい、自分で社会保険に入り将来の年金額を増やしたいという人は、一気に「壁越え」する働き方に挑戦してみてはいかがでしょうか。

それには2つの方法があります。1つ目は、従業員501人以上の企業をパート先に選ぶことです。従業員数の他にも幾つか要件がありますが、それらを満たした場合、**年収106万円以上で社会保険に加入する**ことになります。

社会保険の壁が「106万円」の企業で働いて社会保険料を自身で負担した場合、**手取りが回復する分岐点は125万円**です。これまで100万円になるように調整していた人も125万円なら、少し働く時間を増やせば、「壁越え」ができるのではないでしょうか。

もう一つは、**時給が高い職場で働くこと**。一般的には販売の仕事より、人材派遣会社に登録して派遣先で事務をする方が時給は高めです。

大手派遣会社は「従業員501人以上」ですから、年収106万円以上で社会保険に加入できます。パソコン操作に不安があるなら、ハローワークや派遣会社などが開催する「PCスキルアップ講座」などを受講してみるのも手です。こうした講座は有料の場合もありますが、時給アップのための投資と考え、一歩踏み出してみましょう。

夫が高収入だと配偶者控除はなくなる？

２０１８年の税制改正で、配偶者控除を受ける要件に本人の年収も加わりました。夫が家計のメインの担い手のケースで見ると、**夫の年収が１１２０万円を超えると控除額が縮小し、１２２０万円超で控除額はゼロになります。**

夫の年収が１２２０万円超の場合、大きく増税になっているのです。その分手取りが減っているわけですから、妻も働いて世帯収入をアップするのを検討する価値はあります。

新しい動きも押さえておきましょう。

政府は厚生年金に加入するパート勤務者の適用を拡大することを検討しています。具体的には収入要件の緩和で、関連法が成立すると、早ければ２０２１年から**「１０６万円の壁」が「82万円の壁」に変わります。**

パート収入の「社会保険の壁」が82万円まで下がるなら、パートで働く人が増える可能性もあります。早めに仕事を確保して社会保険に加入しておくのも一案です。

第2章でも書きましたが、**妻のパート収入は、妻自身の名義で貯蓄すること**をお勧めします。自分名義の貯蓄が増えていくと、働くモチベーションもアップします。意欲的に働く→収入が増える→貯蓄が増えるという好循環が生まれれば、老後資金づくりの効率もどんどん上がっていくでしょう。

「節税メリット」のある制度を見逃さない

50代から効率的に老後資金を増やしていくために、節税メリットのある国の制度を活用しましょう。皆さんにぜひ知っておいてほしい優遇制度は2つ。

老後資金づくりを後押しする**「i《イ》De《デ》Co《コ》（個人型確定拠出年金）」**と、資産形成のための**「N《ニ》I《ー》SA《サ》（少額投資非課税制度）」**です。

図表5-4 iDeCoの掛け金限度額は、働き方と勤務先の年金制度によって異なる

◆働き方別iDeCo（個人型DC）の掛け金の年限度額

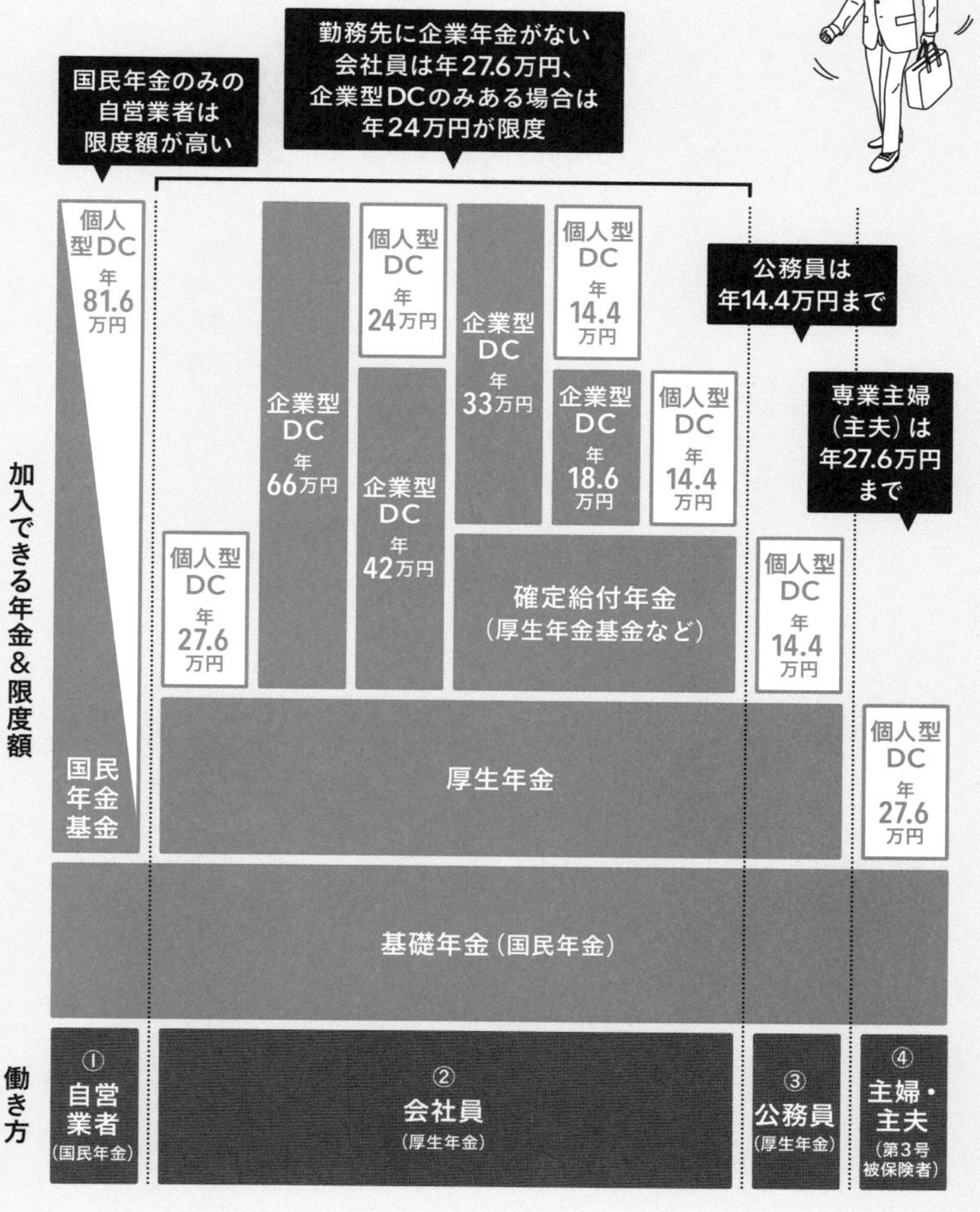

まず、老後資金づくりの制度である・iDeCoから見てみましょう。

正式名称は「個人型DC（確定拠出年金）」といい、**国の年金だけでは足りない老後資金を「節税メリット」のある仕組みを使って自分のお金で積み立てていく制度**です。

iDeCoに加入する・しないは皆さんの自由。加入する場合は、自分で選んだ金融機関で専用口座を開きます。手数料や取扱商品は、金融機関によって異なることもポイントです。当然、手数料の安いところを選びましょう。

口座を開いた金融機関が扱う預金、貯蓄型保険、投資信託の中から運用商品を自分で選んで積み立てていきます。掛け金は月5000円以上から1000円単位で決めることができますが、上限は働き方や勤務先の年金制度等によって異なります（193ページ図表5－4）。掛け金の上限を月額で見ると、会社員・公務員は1万2000～2万3000円、専業主婦（主夫）は2万3000円です。自分がどこに該当するのか、限度額はいくらなのかを確認しておきましょう。

iDeCoの節税メリットは3つある

iDeCoが老後資産形成に有利なのは、利用することで享受できる3つの税制上のメリットがあるからです。

❶掛け金は所得控除の対象のため、その年の所得税と翌年の住民税が安くなる
❷運用で増えた分に税金がかからない
❸受取時は退職金や公的年金の税制が適用され、税負担が軽くなる場合がある

例えば銀行預金と比べてみると、預金は積み立てをしても税金は安くなることはありませんし、利息には約20％の税金がかかります。それに比べると、**月々積み立てることで税金が安くなり、運用益には税金がかからない**iDeCoは魅力的です。

特に❶「**掛け金が所得控除の対象となる**」については、皆さんの関心が高いです。

例えば年収700万円の会社員・公務員の人（扶養家族は妻と高校生の子1人）が、月1万2000円ずつ積み立てた場合、**所得税・住民税の節税額は年2万9100円**となります。掛け金に対し、約20%も節税メリットが得られるとはうれしいですね。

198〜199ページに年収・家族の扶養人数別の「節税額早見表」を掲載しています。自分がiDeCoを始めたらいくらぐらいの節税になるのか、ぜひチェックしてみてください。

お得がいっぱいのiDeCoですが、注意点もあります。

第一に、**将来の受取額が掛け金よりも増える場合もあれば、減る場合もある**ことです。株や債券などで運用する投資信託は値動きがあるのでもちろんのこと、預金や貯蓄型保険の場合も、iDeCoにかかる手数料（加入時2777円〜、口座管理手数料月167円〜）以上に利息を得ることができないと、結果的に掛け金以上に増えない可能性もあることを知っておきましょう。

2つ目は、老後資金づくりの制度のため、**受け取りは原則60歳以降**であること。その前に使う予定のある資金、例えば子どもの大学進学費用には使えないので、教育費はiDeCo以外の通常の銀行積み立てなどで貯める必要があります。

誰でも簡単にできる、iDeCoの利回りを高めるコツ

掛け金に対する節税メリットが大きいiDeCoですが、そのメリットをきちんと享受するために気をつけておきたいポイントがあります。

それは、iDeCoで積み立てをすることで安くなる**所得税と住民税の節税分は、自動的に貯まるわけではない**ことです。

会社員・公務員の場合の節税分は、所得税については年末調整（多くの場合12月の給与支払時）に上乗せされて戻ってきます。一方、住民税は戻ってくるわけではなく、翌年6月から給与天引きされる住民税が毎月少しずつ安くなる仕組みです。

収					
700万円	800万円	900万円	1000万円	1100万円	1200万円
2万4300円	3万6500円	3万6500円	3万6500円	3万6500円	4万200円
2万4300円	3万6500円	3万6500円	3万6500円	3万6500円	4万200円
3万6500円	3万6600円	3万6500円	3万6500円	3万6500円	4万200円
2万9100円	4万3800円	4万3900円	4万3700円	4万3900円	4万3800円
2万9100円	4万3800円	4万3900円	4万3700円	4万3900円	4万3300円
4万3800円	4万3900円	4万3900円	4万3700円	4万3900円	4万3200円
4万8500円	7万3000円	7万3000円	7万3000円	7万3000円	7万3000円
4万8500円	7万3100円	7万3000円	7万3000円	7万3000円	7万3000円
7万3000円	7万3100円	7万3000円	7万3000円	7万3000円	8万400円
5万5800円	8万700円	8万4100円	8万4000円	8万4000円	8万3900円
5万5800円	8万3900円	8万4100円	8万4000円	8万4000円	9万2400円
8万2000円	8万3900円	8万4100円	8万4000円	8万4100円	9万2300円

（試算／深田晶恵）

図表5-5 iDeCoの節税額早見表【会社員の場合】

年間掛け金	属性		年			
			300万円	400万円	500万円	600万円
12万円	税務上の扶養家族	2人	1万8100円	1万8100円	1万8100円	2万4200円
		1人	1万8100円	1万8100円	1万8100円	2万4200円
		ゼロ	1万8100円	1万8100円	2万4300円	2万4200円
14.4万円	税務上の扶養家族	2人	2万1800円	2万1800円	2万1700円	2万9100円
		1人	2万1800円	2万1800円	2万1700円	2万9100円
		ゼロ	2万1800円	2万1900円	2万9000円	2万9100円
24万円	税務上の扶養家族	2人	3万5400円	3万6200円	3万6300円	4万6700円
		1人	3万6300円	3万6300円	3万6300円	4万8500円
		ゼロ	3万6300円	3万6300円	4万8500円	4万8500円
27.6万円	税務上の扶養家族	2人	3万7900円	4万1800円	4万1700円	5万3900円
		1人	4万1600円	4万1800円	4万1700円	5万5800円
		ゼロ	4万1600円	4万1800円	5万4900円	5万5800円

注：税務上の扶養家族1人は、38万円の扶養控除の家族1人(妻もしくは高校生以下の子)

前述の年収700万円の人の節税額年2万9100円の内訳を見てみましょう（月掛け金1万2000円）。

所得税は年末調整時に1万4700円が戻ってきます。住民税については、本来の住民税額から1万4400円安くなります。住民税は給与から毎月天引きされるので1カ月当たりで見ると12分の1の金額である1200円が節税分として安くなるというわけです。毎月1200円をわざわざ貯めておくことはできるでしょうか。

このケースでは節税額は掛け金に対し20%、つまり利回り20%の金融商品で運用して老後資金を増やしているのと同じことですが、**年末調整で戻った所得税と月々数千円安くなった住民税分を貯めずに使ってしまうと、リターンはゼロ**になってしまいます。

面倒ですが、iDeCoで確実に節税効果を得るには、こうした仕組みを知ったうえで、ひと手間かける必要があるのです。

図表5-6 節税分は年末調整時に貯めておこう

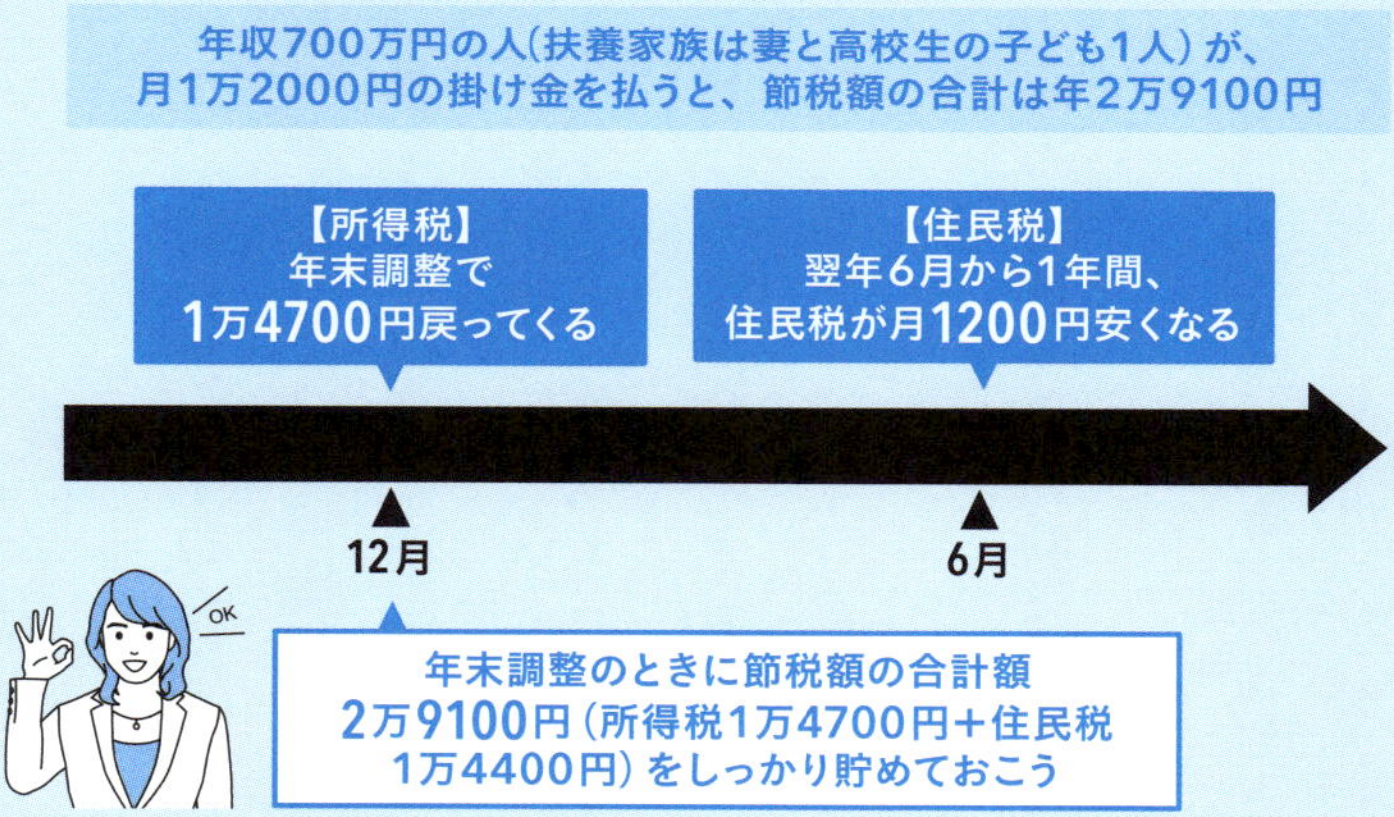
年収700万円の人（扶養家族は妻と高校生の子ども1人）が、
月1万2000円の掛け金を払うと、節税額の合計は年2万9100円
【所得税】
年末調整で
1万4700円戻ってくる
【住民税】
翌年6月から1年間、
住民税が月1200円安くなる
12月
6月
OK
年末調整のときに節税額の合計額
2万9100円（所得税1万4700円＋住民税
1万4400円）をしっかり貯めておこう

所得税は年末調整で戻ってくる分を貯めるといいですが、住民税はまとまって戻ってくるわけではなく、毎月住民税が少しだけ減る仕組みなので貯めにくい。確実にリターンを確保するには、**年末調整のときに「所得税の戻り＋翌年の住民税が安くなる分」をまとめて老後資金として貯めておくようにしましょう。**

年末調整のときにiDeCoの節税額を貯めるプランを実行するには、「自分の場合の節税額」を知らないとできません。

198～199ページの「iDeCoの節税額の早見表」や、iDeCo公式サイト「かんたん税制優遇シミュレーション」(https://www.ideco-koushiki.jp/simulation/)などを利用して自分の場合の節税額を確認して、節税分はしっかり貯めてください。

シンプルで分かりやすい「つみたてNISA」で投資デビュー

次はNISAについて見ていきます。NISAには幾つか種類がありますが、ここでは資産形成に向く**「つみたてNISA」**を取り上げます。

NISAには、**投資で得た利益にかかる税金が、一定期間非課税になるメリット**があります。

例えば、投資信託で10万円の利益が出たとします。本来であれば、この利益には約20%、約2万円の税金がかかりますが、NISA口座を利用すると非課税となり、**10万円の利**

益が丸々手取りとなります。お得な制度ですね。

積立限度額は年40万円、毎月積み立てにすると月3万3333円で、非課税期間は20年間。金融機関で専用口座を開設して、商品を選び積み立てをします。iDeCoと違って、つみたてNISAで購入できるのは投資信託とETF（上場投資信託）で、預金は対象外です。つまり、**「NISA＝税金メリットのある投資の仕組み」**なのです。

これまで投資をしたことはないけれど、投資信託を買ってみたいと考えているなら、つみたてNISAはお薦めです。なぜなら、つみたてNISAの対象商品は、金融庁が定めた「手数料が安いもの」に限られているからです。2019年5月7日現在、163本の商品がつみたてNISA対象商品となっています（金融機関によって取扱商品数やラインナップは異なるので口座開設前に確認を）。

投資をする際、**「儲け」の足を引っ張るのは「手数料」と「税金」**です。

つみたてNISAは非課税の特典がありますから、「税金」はクリアしています。もう一つの「手数料」については、金融庁が安いものを選んでくれていますから、投資ビギナーにぴったりの制度です。

低コストのインデックスファンドを選ぶ

iDeCoやつみたてNISAを始めたいと思ったとき、「何を購入するといいですか？」という質問をよく受けます。

運用商品が投資信託（ETF含む）に限られるつみたてNISAに対し、iDeCoは投資信託に加え預金と貯蓄型保険も選択できます。iDeCoでも私のお薦めは投資信託です。

iDeCoは口座管理手数料などがかかるので、現在の超低金利でほとんど収益が見込めない預金や貯蓄型保険を選ぶと、手数料分元本割れになってしまいます。投資信託で運用し、手数料を上回る収益を狙いたいものです。

投資信託の中でのお薦めは、**コストが安い「インデックスファンド」**です。

インデックスファンドとは、特定の指標（インデックス）と同じ値動きをするよう運用される投資信託のこと。

日本株に投資をするインデックスファンドで代表的なものは、日経平均株価やTOPIX（東証株価指数）に連動するタイプです。その他、先進国や新興国の株価指数に連動するもの、債券の動きに連動するものもあります。

どの地域に投資するタイプを選ぶのかは自由に決めていいのですが、**最初の一歩は日本株のインデックスファンド**がいいでしょう。日本に住んでいると、日本の経済ニュースはいくらでも入手できます。投資を始めるなら、自分が買った投資信託がどんなときに上がったり、下がったりするのか関心を持つことが大切です。

毎日、詳細にチェックする必要はありませんが、日本株が大きく値上がり、または値下がりしたときはその背景をニュースなどで確認する習慣を持ってください。ニュースチェックを続けることが、投資の「練習」につながります。

日本株投信以外も買ってみたいなら、「先進国株式」など、外国株のインデックスファンドを組み合わせるといいでしょう。「新興国株式」に投資するインデックスファンドは、リスク（値動きの幅）が先進国株式より大きいことも知っておきましょう。

あなたに向くのはiDeCo？　つみたてNISA？

資産形成に活用したい2つの税優遇制度は併用が可能ですが、iDeCo、つみたてNISAの両方で積み立てできるほど家計に余裕のある人は多くないでしょう。「自分の場合はどちらを活用すべきですか？」とよく聞かれます。

そこで、属性や年齢によってどちらを優先すべきかについてまとめました。

会社員・公務員

⬇「iDeCo」を優先

掛け金が所得控除の対象となり、給料にかかる所得税・住民税が安くなることは大きなメリットだからです。50代はサラリーマン人生での収入ピークの時期ですから、所得税・住民税の負担は重くなります。掛け金の節税メリットは逃さず利用したいもの。

ただし、50代後半の人は知っておきたい注意点もあります。

iDeCoの加入期間は「20歳〜60歳になるまで」です。60歳になるまでの加入期間が10年に満たない場合、最長で65歳まで積み立てたお金を受け取ることができません。60歳以降は運用だけで新たに積み立てをすることができず、「掛け金の節税メリット」は受けられないのです。ですから、これまで私は55歳以上の人はiDeCoではなく、つみたてNISAが向いていると助言してきたのですが、制度改正の可能性が浮上してきました。

厚生労働省は、**iDeCoや企業型DCの加入期間を「65歳になるまで」に延長することを検討**しています。2020年の通常国会に関連法案の提出を目指しており、数年以内に延長が実現される可能性が高いのです。

この改正が実現されると、65歳になるまで働いて収入を得て積み立てを続けながら、「掛け金の節税効果」を享受することが可能になります。そうなれば、55歳以上の人もiDeCoを優先していいでしょう。

専業主婦・パート主婦

⬇これからもずっと専業主婦（主夫）なら「つみたてNISA」を優先。所得税・住民税を納めているパートの人やいずれは働くつもりなら「iDeCo」も選択肢

働いていない主婦は、税金を払っていないためiDeCoの「掛金の節税メリット」の恩恵は受けることができません。たまに、収入のない妻の掛け金は夫が所得控除をうけることができると考えている人がいるのですが、それは間違い。妻の分の控除を夫が代わりに受けることはできないです。

専業主婦はｉＤｅＣｏの加入対象ではありますが、３つの節税メリットの１つは恩恵がないということ。年間掛け金限度額も27万６０００円と、つみたてＮＩＳＡの限度額40万円を下回ります。ずっと専業主婦でいるなら、つみたてＮＩＳＡが向いています。

年収１０３万円を少し超え、所得税・住民税を払っているパート主婦なら、ｉＤｅＣｏで掛け金所得控除のメリットを受けることができますが、フルタイムで働いている人に比べて節税メリットは少ないので、つみたてＮＩＳＡを優先するのがいいでしょう。

今は専業主婦でも、いずれは働くつもり、パート収入を段階的に増やしたい、ｉＤｅＣｏをやってみたいと考えているなら、加入期間を確保する意味でｉＤｅＣｏを始めるのもアリです。ｉＤｅＣｏの節税メリットの３つ目の「受取時」は、一時金で受け取る場合、加入期間が長いほど非課税額が増え有利になるので、少しでも早く積み立てを開始するのがメリットを高めることにつながります。

フリーランス・自営業
⬇「小規模企業共済」と「iDeCo」の組み合わせ。投資はしたくないなら小規模企業共済だけでもいい

事業所得のフリーランスや自営業は、サラリーマンのように「給与所得控除」がないため、業種やその人の働き方にもよりますが、売り上げに対して所得税・住民税の負担が重いケースもあります。**毎年の所得税・住民税を減らす工夫が必要**です。

また、フリーランスや自営業者は、年を取ったとき国民年金だけだと暮らしていけないので老後資金づくりは重要課題。自営業者向けの退職金・年金づくりの制度として**「小規模企業共済」**があります。あまり知られていませんが、以前からある有利な制度です。

図表5-7 自営業向けの有利な制度をチェック

◆小規模企業共済とiDeCoの比較表

	小規模企業共済	iDeCo
月額掛け金の上限	個人・小規模な会社経営者ともに7万円	国民年金加入者：6万8000円 厚生年金加入者※：2万3000円など
掛け金の払込期間の制限	なし	60歳になるまで
受取時の開始年齢	老齢給付は65歳以上で180カ月以上の掛け金納付	原則60歳から
手数料	かからない （別途かかることはない）	かかる 加入時：2777円〜 運用期間中：月167〜600円程度 （運営管理機関により異なる）
運用商品の選択	できない （独立行政法人中小企業基盤整備機構に運用をお任せ）	できる （投資信託、預金、保険商品等から自分で選択し、運用）

※会社経営の人（他に確定給付年金制度を実施していない）

211ページ図表5－7は小規模企業共済とｉＤｅＣｏの制度概要を比較したものです。**小規模企業共済の掛け金は月7万円が上限で、全額所得控除になりますからメリットは大きい**です。ｉＤｅＣｏの掛け金上限は、国民年金加入者の場合、月6万8000円でもちろん全額が所得控除となります。

仕組みや受取方法が異なるので、「どちらか」ではなく、毎月積み立てることができる金額を半分ずつｉＤｅＣｏと小規模企業共済に振り分けて、**両方を利用する**のがいいでしょう。ｉＤｅＣｏは口座管理料がかかるので、預金や貯蓄型保険よりも投資信託で手数料以上の収益を狙うのが望ましいと前述しましたが、「投資はしたくない」という人なら、商品選定をせずに運用はお任せの小規模企業共済が向いています。

お得な制度を活用しながら資産を増やす

日本人には投資にネガティブなイメージを持っている人が少なくないのですが、現在のような超低金利が続く中では、預貯金だけではお金はなかなか増えません。iDeCoやつみたてNISAのような非課税制度を活用して、**節税メリットを受けながら投資信託をコツコツ積み立てる**ことは、**低金利時代を生きる私たちが賢く資産形成をするための有力な手段**と言えます。

投資には損するリスクがつきものですが、資産や時間を分散させることでリスクを抑えることができます。

あなたが今50歳なら65歳まであと15年。55歳でもあと10年あります。お得な制度と時間を味方に付けることで、「預貯金だけ」より効率的な資産形成を実現するチャンスを手に入れることができるのです。

この章のまとめ

◆ パート収入で重視すべきは「社会保険の壁」。ただし、壁を越えることのメリットもある

◆ 国が個人の資産形成を後押しするための「税優遇制度」を活用しよう

◆ 節税メリットを享受しながら投資信託を積み立てて効率的に資産を増やそう

おわりに

最後までお読みいただき、ありがとうございました。

読者の方に「本を書くときは、どのようにテーマを決めるのですか」と質問を受けることがあります。

著者によってそれぞれだと思いますが、私の場合は相談の現場や、講師を務めるセミナーでの参加者の反応などから書きたいテーマが浮かぶことがほとんどです。

今回は、「今の50代は、20年前の50代よりも明らかに貯蓄額が少ない。60歳までに老後資金づくりを終えるのは難しいのではないか。何とかしなくては」と思い、50代向けの老後資金づくりの企画書を出版社に持ち込みました。

担当編集者が決まり、打ち合わせの際に「確かに50代の貯蓄額は減少傾向にありますが、一方で『老後資金が貯まっていなくても何とかなる』という意見もあるようです。深田さんの見解は？」と聞かれました。

本の根幹部分をしっかり作るためには、編集者とこのようなブレーンストーミング的なやりとりは欠かせない作業です。

私は「何ともならないと思います」と答えました。

老後資金がないということは、働けなくなったとき年金収入だけで全ての支出を賄わなくてはいけないということ。かなりの家計ダイエットが必要となりますし、貯蓄がないと病気や災害など不測の事態に対応することができなくなります。

老後資金がなくても何とかなると考えるのは、とても危険なことなのです。

そう伝えると、担当編集者は「では、貯めるのが難しい環境に置かれた、今の50代の実態に合わせた本を作りましょう」と力強く言い（右手が握りこぶしでした）、根幹部分が決まりました。

今からでも安心老後の準備を始められることを読者に伝える、老後資金づくりのゴールが60歳では難しいなら、70歳までにつくればいいのではないかなど、打ち合わせの中で次々とアイデアが浮かんできます。

根幹部分と枝葉部分が決まったら、あとは書くだけです。本を書く人の多くは「打ち合わせしているときが一番楽しい」と言いますが、私もそうです。執筆には長い時間を要するので、書き上がるまでがつらいですね……。

改元に伴う10連休をどこへも行かずに本書の執筆に充てました。

日頃は、「今日は30代女性向けの雑誌のインタビュー、明日は40代主婦向け雑誌へのコラム執筆」など、仕事の都度、異なる世代や属性に向けてお金の情報を発信しています。

今回は日常業務がない連休に執筆することができたので、「50代前後の男性やその妻、働く女性の老後資金づくりをどうするといいのか」で頭をいっぱいにすることができました。深く集中することができたのはラッキーでしたね。

本書を読んで皆さんがリタイア後の準備に取り組んでくれたら、FPとしてこんなにうれしいことはありません。準備に取り組み、手を動かすことで知識が身に付き、お金や将来の不安が少しでも減ることを願っています。

最後にこの本を書くに当たってお世話になった皆さまにお礼を申し上げます。

私のところへ相談にいらした方々や、セミナーの受講者、雑誌の連載の読者の方々からたくさんの「本音」や「不安な気持ち」を聞かせてもらっています。数多くの「声」のおかげで、教科書的ではない、今の時代に合った実践的なアドバイスを盛り込んだ本を書くことができました。

編集担当である日経BP・日経マネー編集長の佐藤珠希さんは、私の企画に深い理解を持ち、コンテンツを掘り下げ、執筆中もサポートをしてくれました。

この場を借りて、皆さんに心から感謝申し上げます。

読者の皆さん、もし私のセミナーに参加する機会があったら、ぜひ声を掛けてください。セミナーが終わったあとは、いつもロビーに出ています。いつか、どこかでお会いできるのを楽しみにしています。

2019年5月

生活設計塾クルー　深田晶恵

本書は資産形成に当たっての参考情報を提供するものです。投資判断は自己責任でお願いいたします。掲載の情報は2019年5月現在の税制・社会保障制度等に基づくものです。試算は著者による作成時点のものであり、個別の計算過程に関する質問にはお答えできませんので、あらかじめご了承ください。

深田 晶恵
Akie Fukata

ファイナンシャルプランナー(CFP)、生活設計塾クルー取締役。1967年生まれ。外資系電機メーカー勤務を経て96年にFPに転身。現在は、特定の金融機関に属さない独立系FP会社である生活設計塾クルーのメンバーとして、個人向けコンサルティングを行うほか、メディアや講演活動を通じてマネー情報を発信している。23年間で受けた相談は4000件以上、「すぐに実行できるアドバイスを心がける」のをモットーとしている。『日経WOMAN』「ダイヤモンドオンライン」「講談社マネー現代」等でマネーコラムを連載。『住宅ローンはこうして借りなさい 改訂7版』『サラリーマンのための「手取り」が増えるワザ65』『定年までにやるべき「お金」のこと』(以上ダイヤモンド社)、『共働き夫婦のための「お金の教科書」』(講談社)など著書多数。

まだ間に合う！

50代からの老後のお金のつくり方

2019年6月24日　初版第1刷発行

著者	深田晶恵
編集	佐藤珠希
発行者	大口克人
発行	日経BP
発売	日経BPマーケティング 〒105-8308　東京都港区虎ノ門4-3-12
カバーデザイン	吉岡花恵（ESTEM）
本文デザイン	桐山恵（ESTEM）
イラスト	渡辺鉄平
印刷・製本	図書印刷株式会社

本書に関するお問い合わせ、ご連絡は下記にて承ります。
https://nkbp.jp/booksQA

　ISBN978-4-296-10326-3